잉글리시 팩토리

잉글리시 팩토리

지은이	Eun-Jung(EJ) Brown
펴낸이	정규도
펴낸곳	(주)다락원

초판 1쇄 발행 2017년 1월 10일
초판 2쇄 발행 2021년 10월 25일

총괄책임	허윤영
책임편집	김은혜
디자인	장선숙

🏳️ **다락원** 경기도 파주시 문발로 211
내용문의: (02)736-2031 내선 522
구입문의: (02)736-2031 내선 250~251
Fax: (02)732-2037
출판등록 1977년 9월 16일 제406-2008-000007호

값 13,800원

ISBN 978-89-277-6147-1 13740

http://www.darakwon.com

- 다락원 홈페이지를 방문하시면 상세한 출판정보와 함께 동영상
  강좌, MP3자료 등 여러 도서의 다양한 어학 정보를 얻으실 수
  있습니다.

잉글리시 팩토리

단어가 들어가면
문장이 나오는
기적의
7단계 학습법

Eun-Jung(EJ) Brown 지음

DARAKWON

머릿속에 영어 만드는 기계가 있었으면!

미국에 살며 만난 많은 한국인 분들이 늘 하던 말입니다. 하고 싶은 말을 입력하면 영어로 딱딱 변환해주는 주는 기계가 머릿속에 들어있으면 얼마나 좋을까요. 물론 요새는 스마트폰 앱(APP) 중에 이런 기능을 가진 앱이 있습니다만, 변수가 많아서 믿을 수가 없기도 하고 사람과 대화를 할 때마다 앱을 켤 수는 없으니 불편한 건 마찬가지랍니다. 가장 좋은 건 이 앱을 머릿속에 두는 것이죠.

이 책을 끝까지 공부하고 나면 저절로 머릿속에 하나씩 나만의 English Sentence Generator 즉, 영어 문장 생성기가 생길 것입니다. 저는 이 기계를 English Factory(영어 공장)라고 부릅니다. 이 공장을 제대로 한 번 가동시켜 놓으면 내 입맛에 맞고, 상황에 맞게 폼 나는 영어 문장을 만들 수 있어요. 스마트폰보다는 내 머리가 믿을 만하고 백 번 더 스마트하죠. 믿으세요. 우리는 앱보다 나은 사람입니다.

필요한 건 딱 5가지 문장의 구조!

영어 문장은 유치원생의 옹알이부터 대통령의 연설문까지 딱 다섯 가지 형태로 이루어져 있습니다. 이게 영어 실력의 기본이고 영어로 말문을 빵빵 떠트리는 비결입니다.

영어 교육을 10년 넘게 받아도 스피킹 실력이 늘지 않는 이유는 바로 이 5개의 '문장 틀'을 곧장 입으로 나올 만큼 연습한 적이 없기 때문입니다. 영어 문장의 5형식, 이것만 제대로 알면 단어 몇 개로도 문장이 마구 만들어집니다. 위에서 말한 자동으로 영어가 술술 나오는 영어 공장은 바로 이 공식을 기본 틀로 한 것입니다. 이 기본 틀에 익숙해지도록 7개의 공정을 반복해서 연습할 거예요.

공장 투어에 앞서…

문장 구성 요소에 대해 간략하게 설명할게요.

주어/보어/목적어/동사(서술어)/부사구 이렇게 5개의 문장 성분은 알아두면 좋습니다. 먼저 he나 she같은 대명사, dog이나 cat같은 일반 명사는 둘 다 문장의 주어나 목적어가 될 수 있어요.

문장에서 가장 중요한 것은 서술어, 즉 동사입니다. 동사의 성질에 따라 5가지 문장 패턴이 나눠지기 때문이죠. 각 형식에 맞는 동사들이 있는데 문장 형식에 익숙해지면서 자연스럽게 외우면 오래 기억할 수 있습니다. 보어 자리에는 명사뿐 아니라 형용사를 쓸 수 있고, 혹은 둘 다 들어가거나 to+동사, ing형태의 동명사를 써도 됩니다. 보어는 주어에 붙느냐 목적어에 붙느냐에 따라 하는 일이 다른데요. 주격보어는 '주어가 어떻다'를 설명해주고 목적보어는 '목적어가 어떻다'로 해석하면 돼요. 전치사에 명사가 붙은 것을 부사구라고 하는데 문장을 좀 더 구체적으로 표현해주는 양념 같은 존재죠. 어떤 형식에나 붙여 쓸 수 있어요. 보너스 카드라고나 할까요. 이 정도만 알고 들어가도 충분히 공장 투어를 시작할 수 있습니다.

중요한 건 맞는 자리에 단어를 집어넣는 것!

영어로 문장을 만든다는 것은 알고 있는 단어를 맞는 자리에 집어넣으면 되는 것이니 어렵게 생각하지 마세요. 이 책은 다섯 가지 형식이 어떻게 만들어지고, 변형되는지 끊임없이 연습할 수 있게 되어 있으니 걱정 말고 따라오세요.

자, 그럼 이제 공장 투어를 시작해 볼까요?

EJ Brown

일단! 동사에 들이대세요!

영어 공부는 짧은 문장부터 시작해서 차근차근 문장의 길이를
늘려 나가는 게 중요합니다. 이때 짧게라도 완성된 문장으로
말하려면 무조건 동사에 대한 개념부터 잡아야 합니다. 동사
가 "기준!"을 외치면 문장의 나머지는 다 따라오게 되거든요.
동사의 성질에 따라 영어 문장은 5가지 형식으로 갈립니다.
몇 형식이라고 번호를 붙인 건 단지 문장의 종류가 다른 걸 알
기 위한 편의상의 문제이기 때문에 몇 형식이냐 이름이 중요
한 건 아닙니다. 무엇보다 문장 이해의 포인트는 동사니까요.
참고로 하나의 동사가 서로 다른 몇 가지 형식을 드나들기도
합니다. 동사의 의미에 집중하면서 각 형식에 어떤 요소가 필
요한지 확인하세요.

영어 문장 5종 세트(5형식)

1형식   주어 + 동사

2형식   주어 + 동사 + 보어

3형식   주어 + 동사 + 목적어

4형식   주어 + 동사 + 목적어1 + 목적어2

5형식   주어 + 동사 + 목적어 + 목적보어

> 5형식을 달달 외울 필요는 없지만 중요한 내용이니까 눈도장은
> 찍어두세요. 이 문장 구조 5개는 50개 단어를 2,000문장 이상
> 만드는 공식이나 다름없으니까요. 이 산만 넘으면 영어 실력은
> 탄탄대로를 달릴 수 있습니다.

7공정 학습이면 문장이 뚝딱 만들어집니다!

이 책은 '7개 공정의 문장 변화'를 통해 영어 문장의 구조를 자연스럽게 익히도록 구성되어 있습니다. 공장에서 1개의 공정을 지날 때마다 제품이 조금씩 달라지고, 점점 완성품에 가까워지잖아요? 영어도 똑같습니다. 각 공정을 거치면서 문장이 변화하고, 그 과정을 반복하면 외우기 싫어도 여러분의 영어 뇌가 5형식을 저절로 인식하게 될 겁니다. '누가, 언제, 어디서, 무엇을, 어떻게, 왜' 육하원칙에 맞게 말하는 게 가장 중요하기 때문에 각 공정은 그에 가깝게 구성했습니다.

1 공정
↓

주어 바꾸기

문장에서 '누가'에 해당하는 주어를 바꿔 말하는 연습을 해요. 주어에 따라 동사의 형태가 어떻게 변하는지 주어–동사 일치를 1공정에서 확실히 배울 수 있어요.

2 공정
↓

시제 바꾸기

각 동사가 제일 많이 쓰이는 시제를 골라 변형해보는 공정입니다. 현재, 과거, 미래 시제에 따라 동사가 어떻게 변하는지 알게 됩니다.

3 공정
↓

부정하기

문장을 다양한 형태의 부정문으로 만드는 법을 배웁니다. won't나 weren't 같은 줄임말도 자연스럽게 연습할 수 있습니다.

4 공정
↓

질문하기

문장을 의문문으로 바꿔 봅니다. 의문문 문장 형태를 알아보기 위한 과정이라서 해석은 다소 어색할 수 있어요.

5 공정
↓

구체화하기

'왜'나 '어떻게'에 해당하는 묘사를 덧붙여서 문장을 꾸며줍니다. 이 공정을 거쳐 더 구체적으로 말할 수 있게 되고 상대방에서 자신의 의사를 잘 전달할 수 있어요.

6 공정
↓

시간 말하기

시간이나 시기를 덧붙여서 문장의 '언제' 부분을 보강합니다.

7A 공정
↓

장소 말하기

장소나 공간을 덧붙여서 문장의 '어디서' 부분을 구체화합니다. 포괄적인 의미에서의 공간을 뜻하기 때문에 꼭 '장소'만을 가리키지는 않습니다. 사람이나 물건이 오기도 해요.

7B 공정
↓
목적어 바꾸기

3, 4, 5형식의 목적어를 바꾸면서 문장 구조를 익힙니다. 문장에서 '무엇을'이나 '누구에게'에 해당하는 부분이죠.

special
page

기본 7개의 공정에서 부족한 부분을 스페셜 페이지에서 확장 학습할 수 있습니다.

반복학습으로
문장 구조를
제대로 파악하세요!

우리말과 다른 문장 구조 때문에 영어회화 실력이 어느 수준에서 정체된 분들 많을 겁니다. 평소에 말하는데 필요한 문장 구조는 딱 5개뿐이에요. 각 형식을 잘 보여주는 대표 동사 10개씩 뽑아서 어떻게 뼈대 문장을 만드는지 확실하게 보여 드립니다. 틀린 문장에 자꾸 단어만 갖다 붙여서 길게 말한다고 영어 잘하는 거 아니거든요. 제대로 된 문장으로 말해야 말을 했다고 할 수 있잖아요. 각 동사마다 기본 4 단계까지 뼈대 문장을 놓고, 주어도 바꾸고 시제도 바꾸면서 문장 형식을 제대로 익힐 수 있게 구성했습니다.

I talk. 나는 말을 한다.

↓

주어 바꾸기 **He talks.** 그는 말을 한다.

↓

시제 바꾸기 **He will talk.** 그가 말을 할 거야.

↓

부정하기 **He will not talk.** 그는 말을 안 할 거야.

↓

질문하기 **Will he talk?** 그가 말을 할까?

기본 문장을 만드는데 달인이 되도록 자꾸 만나서 친해지세요. 계속 연습하다 보면 자신감이 절로 붙을 거예요. 거기다 한 마디씩 더 늘려서 장식도 붙여 보는 겁니다.

처음은 어색해도 그 끝은 창대해집니다!

1 단계 주어 바꾸기부터 4 단계 질문하기까지는 아주 기본 단계들이에요. 뼈대가 되는 기본 문장이라서 아기가 말하는 것처럼 해석이 어색할 겁니다. 우리말도 그렇잖아요. '나는 뛴다.' 이 문장이 문법적으로 틀린 건 없지만 누가 이렇게 국어책 읽듯이 어색하게 말하겠어요. 말은 제대로 된 뼈대에 이것저것 갖다 붙여야 맛이거든요. 5 공정 문장에 꼬리를 달아 꾸미기 시작하면서부터 진짜로 현실에서 쓸 법한 좋은 문장이 나옵니다. 아무데나 아무 때나 갖다 붙이는 게 아니라 문장의 기본 골격이 완성되면 그 다음에 살을 붙이고 꾸미는 게 5~7 단계인 거죠.

7공정까지 마치면 어느 정도 자연스러운 말을 할 수 있게 됩니다. 거기서 한 발 더 나아가 더 다양하고 풍부한 표현을 배울 수 있는 스페셜 페이지도 준비되어 있습니다. 패턴이나 관용적인 표현을 붙여서 한 계단 더 업그레이드 된 문장으로 말할 수 있게 되는 거죠.

He will talk. 그는 말을 할 거야.

↓

구체화하기

He will talk about the plan.
그가 그 계획에 대해 말할 거야.

↓

시간 말하기

He will talk later. 그가 나중에 말을 할 거야.

↓

장소 말하기

He will talk at home. 그는 집에서 말을 할 거야.

↓

special page

Surely, he will talk about the plan.
확실히 그 계획에 대해서 그가 말할 거야.

반드시 직접 쓰고, 입으로 소리 내어 읽고, 새로운 문장을 만들어 보셔야 합니다. 그러면 결국 '어머! 나도 영어 문장을 길게 말할 수 있다니! 대~박' 이런 말이 절로 나오실 거예요!

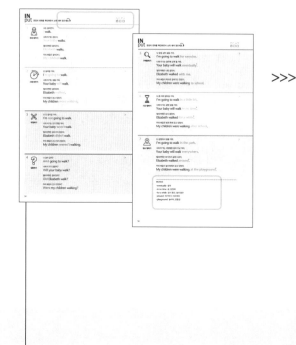

>>>

>>>

공장 게이트
들어가기

>>>

동사를 확인하고, 7공정이 끝니면
어떤 문장을 말할 수 있게 되는지
살펴보세요.
동사마다 간단한 설명이 있으니
공장장이 알려주는 가동 설명서라고
생각하시고 읽은 다음에
학습에 들어가세요.

IN
put

>>>

주제 동사가 들어간 4개의 기본 문장을
각 공정에 맞게 바꿔 봅니다.
뒤로 갈수록 점차 제대로 된 영어 문장이 만들어 집니다.

다락원 홈페이지(www.darakwon.co.kr)에서
MP3를 다운로드해서 원어민 발음을 들으면서 학습하세요.
귀찮아도 꼭 3번씩 읽고 쓰도록 해 보세요.
정말 실력이 몰라보게 달라집니다.

WORDS

어려운 단어는 WORDS에서 확인하세요.

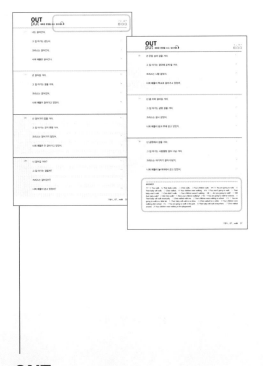

>>>

OUT
put

>>>

special
page

옆에서 배운 것을 곧바로 적용해보세요.
영어로 쓰고 말하는 연습을 통해
진짜 내 실력이 늘어나는 걸 확인할 수 있습니다.

ANSWERS
OUTPUT의 정답을 확인하고
틀린 것은 한 번씩 더 읽고 넘어가세요.

앞에서 배운 문장을
더 구체적으로 말해보는
스페셜 페이지입니다.
원어민이 자주 쓰는
패턴이나 숙어가
많이 나오니까
빼놓지 말고
따라 말해 보세요.

01 **talk** 말하다 _ 17

02 **eat** 먹다 _ 23

03 **work** 일하다 _ 29

04 **go** 가다 _ 35

05 **come** 오다 _ 41

06 **cook** 요리하다 _ 47

07 **walk** 걷다 _ 53

08 **study** 공부하다 _ 59

09 **live** 살다 _ 65

10 **matter** 중요하다 _ 71

01 **look** 보다 _ 79

02 **feel** 느끼다 _ 85

03 **become** 되다 _ 91

04 **be** ~이다 _ 97

05 **seem** ~한 것 같다 _ 103

06 **taste** 맛이 나다 _ 109

07 **smell** 냄새가 나다 _ 115

08 **sound** ~처럼 들리다 _ 121

09 **turn** ~하게 변하다 _ 127

10 **get** ~하게 되다 _ 133

3형식

01 **make** 만들다 _ 141

02 **take** 가져가다 _ 147

03 **have** 가지다 _ 153

04 **get** 얻다 _ 159

05 **do** 하다 _ 165

06 **spend** 쓰다 _ 171

07 **want** 원하다 _ 177

08 **lose** 잃다 _ 183

09 **break** 부수다 _ 189

10 **choose** 선택하다 _ 195

4형식

01 **give** 주다 _ 203

02 **teach** 가르치다 _ 209

03 **buy** 사다 _ 215

04 **ask** 묻다 _ 221

05 **send** 보내다 _ 227

06 **owe** 빚지다 _ 233

07 **show** 보여 주다 _ 239

08 **tell** 말하다 _ 245

09 **bring** 가져다주다 _ 251

10 **offer** 제공하다 _ 257

5형식

01 **help** 돕다 _ 265

02 **keep** 상태를 유지하다 _ 271

03 **see** 보다 _ 277

04 **find** 발견하다 _ 283

05 **leave** 그대로 두다 _ 289

06 **call** 부르다 _ 295

07 **make** 만들다 _ 301

08 **expect** 기대하다 _ 307

09 **allow** 허락하다 _ 313

10 **let** ~하게 하다 _ 319

1형식

주어 + 동사

'주어'가 '동사'하다

1형식 문장은 주어에 동사를 갖다 붙이면 끝입니다. 더 이상 원하는 게 없어요. 이대로도 완벽하거든요. 그래서 1형식 동사를 혼자서도 충분하다는 뜻으로 자동사라고 부릅니다. 1형식 동사 뒤에는 목적어를 곧장 갖다 붙이면 안 됩니다. 이미 완벽한 문장이니까요. 이렇게 '주어+동사'로만 이루어졌다고 해도 짧거나 단순하기만 한 것은 아닙니다. 1형식 문장은 전치사가 풀칠을 해 주고 명사가 와서 붙는 '전치사+명사' 세트로 꾸며줄 수 있는데, 이 세트는 몇 개가 붙어도 상관 없어요. 동사 앞이나 뒤에 부사가 와서 붙을 수도 있고요. 처음이니까 문장 구조와 변화에 집중하면서 차근차근 예문을 입에 붙여 봅시다.

He will talk at home.
그 사람이 집에서 말하겠지.

질문하기

장소 말하기

부정하기

시간 말하기

시제
바꾸기

구체화하기

주어
바꾸기

talk 말하다

우리는 매일 '말하다'라는 말을 쓰고 살죠? '말하다'라는 동사는 영어에도 참 많은데 단어의 쓰는 방법과 경우가 전부 달라요. tell 뒤에는 반드시 목적어(명사)가 나오고, talk에는 절대 목적어를 붙이면 안 됩니다. speak는 양쪽으로 다 쓸 수 있지만 좀 더 격식 있는 뉘앙스고, say 뒤에는 that으로 시작하는 문장이 붙고… 아이고, 복잡하죠? 일단 기본부터 잡아서 공장에서 제품을 찍듯이 내가 써먹을 문장을 찍어내세요. 천리 길도 한 걸음부터, 시작이 반이랍니다!

1

주어 바꾸기

내가 말해.
I talk.

그가 말해.
He talks.

그 사람들이 말하네.
They talk.

너희 부모님이 말씀하시네.
Your parents talk.

> my는 '나의'라는 뜻이지만
> 직역하면 너무 어색해서
> '우리'라고 의역했어요.

2

시제 바꾸기

내가 말할 거야.
I'm going to talk.

그가 말할 거야.
He **will talk**.

그 사람들이 말했지.
They **talked**.

너희 부모님이 말씀하신 적이 있어.
Your parents **have talked**.

> be going to, will 둘 다 '미래'를
> 나타내요. be going to는 거의
> 예정된 일을 말할 때 쓰고,
> will은 약한 예측과 그러고자 하는
> 의지의 뉘앙스가 있으니
> 앞뒤 문맥에 맞게 골라 쓰세요.

3

부정하기

난 말하지 않을 거야.
I'm **not** going to talk.

그가 말 안 할 거야.
He will **not** talk.

그 사람들이 말 안 했어.
They **didn't** talk.

너희 부모님이 말씀하신 적 없어.
Your parents **haven't** talked.

> will not은 won't로
> 줄여 말해도 돼요.

4

질문하기

내가 말해?
Am I going to talk?

그가 말할까?
Will he talk?

그 사람들이 말했어?
Did they talk?

너희 부모님이 말씀하신 적 있어?
Have your parents talked?

> have p.p.가 나오는 문장을
> 의문문으로 쓸 때는
> have만 앞으로 보내요.

>> 네가 말해.   01

내 친구가 말해.   02

우리가 말해.   03

내(우리) 부모님이 말씀하시네.   04

>> 네가 말할 거야.   05

내 친구가 말할 거야.   06

우리가 말했지.   07

우리 부모님이 말씀하신 적이 있어.   08

>> 넌 말 안 할 거야.   09

내 친구가 말 안 할 거야.   10

우린 말 안 했어.   11

우리 부모님이 말씀하신 적 없어.   12

>> 네가 말할 거야?   13

내 친구가 말할까?   14

우리가 말했나?   15

우리 부모님이 말씀하신 적이 있어?   16

5

구체화하기

난 그것에 대해 말하려고 해.
I'm going to talk about it.

그 계획에 대해서 그가 말하겠지.
He will talk about the plan.

그 사람들이 그 문제에 대해 언급했어.
They talked about the problem.

너희 부모님이 너에 대해 말씀하신 적이 있어.
Your parents have talked about you.

6

시간 말하기

난 아침에 말하려고 해.
I'm going to talk in the morning.

그가 나중에 말할 거야.
He will talk later.

그 사람들이 어젯밤에 말했지.
They talked last night.

너희 부모님이 아침부터 계속 말씀을 안 하셔.
Your parents have not talked since* morning.

7

장소 말하기

난 회사에서 말하려고 해.
I'm going to talk at work.*

그 사람이 집에서 말하겠지.
He will talk at home.

그 사람들이 미팅에서 언급했어.
They talked at the meeting.

너희 부모님이 저녁 식사 자리에서 말씀하셨어.
Your parents have talked at the dinner table.

WORDS

• since ~부터
• work 일, 직장

>> 넌 그것에 대해 말할 거야. 17

내 친구가 그 계획에 대해 말할 거야. 18

우리가 그 문제에 대해 말했어. 19

내(우리) 부모님이 너에 대해 말씀하신 적이 있어. 20

>> 넌 아침에 말할 거야. 21

내 친구가 나중에 말할 거야. 22

우리가 어젯밤에 얘기했어. 23

우리 부모님이 아침부터 계속 말씀을 안 하셔. 24

>> 넌 회사에서 말할 거야. 25

내 친구가 집에서 말할 거야. 26

우리가 미팅에서 언급했어. 27

우리 부모님이 저녁 식사 자리에서 말씀하셨어. 28

ANSWERS

주어 01 You talk. 02 My friend talks. 03 We talk. 04 My parents talk. 시제 05 You're going to talk. 06 My friend will talk. 07 We talked. 08 My parents have talked. 부정 09 You're not going to talk. 10 My friend will not talk. 11 We didn't talk. 12 My parents have not talked. 질문 13 Are you going to talk? 14 Will my friend talk? 15 Did we talk? 16 Have my parents talked? 구체화 17 You're going to talk about it. 18 My friend will talk about the plan. 19 We talked about the problem. 20 My parents have talked about you. 시간 21 You're going to talk in the morning. 22 My friend will talk later. 23 We talked last night. 24 My parents have not talked since morning. 장소 25 You're going to talk at work. 26 My friend will talk at home. 27 We talked at the meeting. 28 My parents have talked at the dinner table.

앞서 배운 내용을 응용하면 아래처럼 멋지게 말할 수 있게 됩니다. 음원을 듣고 따라 읽어보세요.

문장 앞에서 꾸미기

분명히, 난 그것에 대해 말하려고 해.
Definitely,* I'm going to talk about it.

확실히, 그 계획에 대해서 그가 말하겠지.
Surely, he will talk about the plan.

불행히도, 그 사람들이 그 문제에 대해 언급했어.
Unfortunately, they talked about the problem.

놀랍게도, 너희 부모님이 너에 대해 말씀하신 적이 있어.
Surprisingly,* your parents have talked about you.

• definitely 분명히, 틀림없이   Surprisingly 놀랄 만큼, 의외로

생각 말하기

난 그것에 대해 말할 생각이야.
I think I'm going to talk about it.

내 생각에는 그 계획에 대해서 그가 말할 거야.
I think he will talk about the plan.

내 생각에 그 사람들은 그 문제에 대해 언급했어.
I think they talked about the problem.

내 생각에 너희 부모님이 너에 대해 말씀하신 적이 있어.
I think your parents have talked about you.

생각의 이유 묻기

네 생각에는 왜 내가 그것에 대해 말할 것 같아?
Why do you think I'm going to talk about it?

넌 왜 그가 그 계획에 대해서 말할 거라고 생각해?
Why do you think he will talk about the plan?

네 생각에는 왜 그 사람들이 그 문제에 대해 언급한 거 같아?
Why do you think they talked about the problem?

넌 왜 너희 부모님이 너에 대해 말씀하신 적이 있다고 생각해?
Why do you think your parents have talked about you?

• Why do you think만 붙이면 상대방에게 '왜 그렇게 생각하는지' 물어볼 수 있어요.

I'm going to eat later.
난 나중에 먹을 거야.

질문하기

장소 말하기

부정하기

시제
바꾸기

시간 말하기

주어
바꾸기

구체화하기

eat 먹다

eat은 1형식 문장으로 '밥 먹었냐?'의 뜻으로 쓸 수도 있고, 목적어를
붙여 3형식 문장으로 '뭘 먹었냐?'라고 쓸 수도 있어요. 우리나라 사람
들 안부 인사는 "식사하셨어요?"로 통하잖아요. 이럴 때 쓰는 게 목적어
없는 1형식 동사 eat입니다. 1 공정 문장은 주어하고 동사만 있는 발가
벗겨 놓은 것 같은 상태예요. 있을 건 다 있는데 맨몸이라 그냥 나서기
어색하죠. 그래서 1형식 동사는 보통 6 공정이나 7 공정처럼 시간이나
장소를 달아 잘 꾸미고 나타납니다.

1

주어 바꾸기

나는 먹는다.
I eat.

너는 먹는다.
You eat.

그는 먹는다.
He eats.

나의(우리) 애들은 먹는다.
My kids eat.

> my는 '나의'라는 뜻이지만
> 직역하면 너무 어색해서
> '우리'라고 의역했어요.

>

2

시제 바꾸기

난 먹으려고 해.
I'm going to eat.

너 먹고 있었잖아.
You were eating.

그는 먹었어.
He ate.

우리 애들은 먹었어.
My kids have eaten.

> eat - ate - eaten
> '(음식을) 먹다' 동사 변화

>

3

부정하기

난 안 먹을 거야.
I'm **not** going to eat.

넌 안 먹고 있었잖아.
You were **not** eating.

그는 안 먹었어.
He **didn't** eat.

우리 애들은 안 먹었어.
My kids have **not** eaten.

> were not은 줄여서
> weren't라고도 해요.

>

4

질문하기

내가 먹을까?
Am I going to eat?

넌 먹는 중이었니?
Were you eating?

그는 먹었니?
Did he eat?

우리 애들은 먹었니?
Have my kids eaten?

> 문장의 뜻은 어색하지만,
> 기본 문장을 의문문으로
> 바꾸는 연습을 해 보세요.

>

≫ 내(우리) 개는 먹는다. 01

그녀는 먹는다. 02

그 사람들은 먹는다. 03

너희 아버지는 드신다. 04

≫ 우리 개는 먹을 거야. 05

그녀는 먹고 있었어. 06

그 사람들은 먹었어. 07

너희 아버지는 드셨지. 08

≫ 우리 개는 안 먹을 거야. 09

그녀는 안 먹고 있었어. 10

그 사람들은 안 먹었어. 11

너희 아버지는 안 드셨지. 12

≫ 우리 개가 먹을까? 13

그녀는 먹는 중이었니? 14

그 사람들은 먹었니? 15

너희 아버지는 드셨니? 16

5

구체화하기

난 서둘러 먹으려고 해.
I'm going to eat in a hurry.*

너 내 남자 친구랑 먹고 있었잖아.
You were eating with my boyfriend.

그는 소리를 내면서 먹더라.
He ate loudly.

우리 애들은 벌써 먹었어.
My kids have eaten already.*

>

6

시간 말하기

난 나중에 먹을 거야.
I'm going to eat later.

너 새벽 1시에 먹고 있었잖아.
You were eating at 1 a.m.

그는 두 시간 전에 먹었어.
He ate two hours ago.

우리 애들은 지금 막 먹었어.
My kids have eaten just now.

>

7

장소 말하기

난 집에서 먹으려고 해.
I'm going to eat at home.

넌 레스토랑에서 먹고 있었잖아.
You were eating at the restaurant.

그는 학교에서 먹었어.
He ate at school.

우리 애들은 그 사람 집에서 먹었어.
My kids have eaten at his house.

>

WORDS

• in a hurry 서둘러, 급히
• already 이미, 벌써

≫ 내(우리) 개가 허겁지겁 먹을 거야. 17

그녀는 내 남자친구랑 먹고 있었어. 18

그 사람들은 소리를 내면서 먹더라. 19

너희 아버지는 벌써 드셨지. 20

≫ 우리 개는 나중에 먹을 거야. 21

그녀는 새벽 1시에 먹고 있었어. 22

그 사람들은 두 시간 전에 먹었어. 23

너희 아버지는 지금 막 드셨지. 24

≫ 우리 개는 집에서 먹을 거야. 25

그녀는 레스토랑에서 먹고 있었어. 26

걔네들은 학교에서 먹었어. 27

너희 아버지는 그 분의 댁에서 드셨지. 28

ANSWERS

주어 01 My dog eats. 02 She eats. 03 They eat. 04 Your father eats. 시제 05 My dog is going to eat. 06 She was eating. 07 They ate. 08 Your father has eaten. 부정 09 My dog is not going to eat. 10 She was not eating. 11 They didn't eat. 12 Your father has not eaten. 질문 13 Is my dog going to eat? 14 Was she eating? 15 Did they eat? 16 Has your father eaten? 구체화 17 My dog is going to eat in a hurry. 18 She was eating with my boyfriend. 19 They ate loudly. 20 Your father has eaten already. 시간 21 My dog is going to eat later. 22 She was eating at 1 a.m. 23 They ate two hours ago. 24 Your father has eaten just now. 장소 25 My dog is going to eat at home. 26 She was eating at the restaurant. 27 They ate at school. 28 Your father has eaten at his house.

앞서 배운 내용을 응용하면 아래처럼 멋지게 말할 수 있게 됩니다. 음원을 듣고 따라 읽어보세요.

조동사 붙이기

난 서둘러 먹을 수 있어.
I can eat in a hurry.

넌 내 남자 친구랑 밥 먹어도 돼.
You may eat with my boyfriend.

그가 큰 소리를 내면서 먹을 수도 있어.
He could eat loudly.

우리 애들은 벌써 밥을 먹었을지도 몰라.
My kids might have eaten already.

• 조동사를 붙이면 영어의 세련미, 말의 뉘앙스가 삽니다. may는 허가, could는 가능성, might have p.p.는 과거에 대한 추측을 나타내죠.

선택 의문문으로 묻기

나 서둘러 먹어, 말어?
Am I going to eat in a hurry or not?

너 내 남자 친구랑 밥 먹고 있었던 거야 아니야?
Were you eating with my boyfriend or not?

그가 큰 소리를 내면서 먹었다는 거야 아니야?
Did he eat loudly or not?

우리 애들이 벌써 밥을 먹었다는 거야 아니야?
Have my kids eaten already or not?

• 의문문 끝에 '~or not'을 붙여 '그렇다는 거야? 아니야?'를 따져 묻는 선택 의문문을 만들 수 있어요.

권유하기

먹자!
Let's eat!

외식 하자!
Let's eat out!

집에서 먹자!
Let's eat in!

먹지 말자!
Let's not eat!

You worked really hard.
넌 정말 열심히 일했잖아.

질문하기

장소 말하기

부정하기

시제
바꾸기

시간 말하기

주어
바꾸기

구체화하기

work
일하다

work는 일만 하는 동사가 아닙니다. work on은 '～에 힘쓰다', '무슨 작업을 하다'라는 말이고요. 사물 주어와 함께 쓰면 '작동하다', '계획이 잘 먹히다' 등도 찰지게 표현할 수 있어요. 영어로는 한 개의 동사지만 우리말로는 여러 가지 뜻이 될 수 있답니다. 아무것도 원하는 것 없이 주어만 붙여주면 잘 돌아가는 착한 1형식 동사예요.

1

주어 바꾸기

나 일해.
I work.

너 일해.
You work.

내(우리) 와이프는 일해.
My wife works.

우리는 일해.
We work.

>

2

시제 바꾸기

난 일하고 있어.
I'm working.

너 일했잖아.
You worked.

우리 와이프는 일할 거야.
My wife will work.

우리는 일해 왔지.
We have worked.

>

3

부정하기

나 일 안 하고 있어.
I'm **not** working.

너 일 안 했잖아.
You **didn't** work.

우리 와이프는 일 안 할 거야.
My wife will **not** work.

우리는 일 안 해 왔지.
We have **not** worked.

>

4

질문하기

나 일하고 있니?
Am I working?

너 일했니?
Did you work?

우리 와이프가 일할까?
Will my wife work?

우리가 일해 왔나?
Have we worked?

문장의 뜻은 어색하지만,
기본 문장을 의문문으로
바꾸는 연습을 해 보세요.

>

≫ 내(우리) 부모님은 일하셔. 01

그 여자는 일해. 02

내(우리) 남편은 일해. 03

그 사람들은 일해. 04

≫ 우리 부모님은 일하고 계셔. 05

그 여자는 일했어. 06

우리 남편은 일할 거야. 07

그 사람들은 일해 왔어. 08

≫ 우리 부모님은 일 안 하고 계셔. 09

그 여자는 일 안 했어. 10

우리 남편은 일 안 할 거야. 11

그 사람들은 일 안 해 왔어. 12

≫ 우리 부모님이 일하고 계셔? 13

그 여자는 일했어? 14

우리 남편이 일을 할까? 15

그 사람들은 일해 왔어? 16

5

구체화하기

난 그거 하고 있어.
I'm working on it.

넌 정말 열심히 일했잖아.
You worked really hard.

우리 와이프는 파트타임으로 일할 거야.
My wife will work part-time.

우리는 같이 일해 왔어.
We have worked together.

>

6

시간 말하기

나 지금 일하고 있어.
I'm working right now.

너 지난달에 일했잖아.
You worked last month.

우리 와이프는 앞으로 일할 거야.
My wife will work in the future.

우리는 6개월 동안 일해 왔어요.
We have worked for six months.

>

7

장소 말하기

난 집에서 일하고 있어.
I'm working at home.

너 구글에서 일했잖아.
You worked for Google.

우리 와이프는 미국에서 일할 거야.
My wife will work in America.

우리는 같은 부서에서 일해 왔어.
We have worked in the same department.*

>

WORDS

* department 부서, 부처

≫ 내(우리) 부모님이 그거 하고 계셔. 17

그 여자는 정말 열심히 일했어. 18

내(우리) 남편은 파트타임으로 일할 거야. 19

그 사람들은 같이 일해 왔어. 20

≫ 우리 부모님은 지금 일하고 계셔. 21

그 여자는 지난달에 일했어. 22

우리 남편은 앞으로 일할 거야. 23

그 사람들은 6개월 동안 일해 왔어. 24

≫ 우리 부모님은 집에서 일하고 계셔. 25

그 여자는 구글에서 일했어. 26

우리 남편은 미국에서 일할 거야. 27

그 사람들은 같은 부서에서 일해 왔어. 28

ANSWERS

주어 01 My parents work. 02 She works. 03 My husband works. 04 They work. 시제 05 My parents are working. 06 She worked. 07 My husband will work. 08 They have worked. 부정 09 My parents are not working. 10 She didn't work. 11 My husband will not work. 12 They have not worked. 질문 13 Are my parents working? 14 Did she work? 15 Will my husband work? 16 Have they worked? 구체화 17 My parents are working on it. 18 She worked really hard. 19 My husband will work part time. 20 They have worked together. 시간 21 My parents are working right now. 22 She worked last month. 23 My husband will work in the future. 24 They have worked for six months. 장소 25 My parents are working at home. 26 She worked for Google. 27 My husband will work in America. 28 They have worked in the same department.

앞서 배운 내용을 응용하면 아래처럼 멋지게 말할 수 있게 됩니다. 음원을 듣고 따라 읽어보세요.

더 구체적으로 말하기

난 부지런히 그 작업을 하고 있어.
I'm working on it diligently.*

넌 이걸 위해서 정말 열심히 일했잖아.
You worked really hard for this.

우리 와이프는 앞으로 파트타임으로 일할 거야.
My wife will work part-time in the future.

우리는 오랫동안 같이 일해 왔어.
We have worked together for a long time.

• diligently 부지런히, 열심히

이유 묻기

난 왜 그걸 하고 있는 걸까?
Why am I working on it?

넌 왜 진짜 열심히 일한 거니?
Why did you work really hard?

왜 우리 와이프가 파트타임으로 일을 하겠어?
Why will my wife work part-time?

우리는 왜 같이 일해 왔지?
Why have we worked together?

권유하기

우리가 그 일에 착수하는 게 어때?
Why don't we work on it?

우리 정말 열심히 일해 보는 게 어때?
Why don't we work really hard?

우리 파트타임으로 일하는 게 어때?
Why don't we work part-time?

우리 같이 일하는 게 어때?
Why don't we work together?

• Why don't는 '~하지 그래?'라고 해석해요. 제안하는 말도 되고, '왜 ~하지 않는 걸까?'처럼 의아해하는 말이기도 해요. Why don't we는 주체가 '우리'니까 '우리 ~하면 어때?'라고 해석하세요.

I'm going to your house.
나 너희 집에 가고 있어.

장소 말하기

시간 말하기

질문하기

부정하기

시제 바꾸기

구체화하기

주어 바꾸기

go 가다

친근한 동사인 go는 쓸데가 많아서 참 기특해요. be going(가는 중이다)은 진행형도 되고, 가까운 미래를 나타내는 말도 되기 때문에 I'm going! 이라고 하면 '간다고요!'라고도 해석해요. 여기다 to부정사를 붙여 be going to로 쓰면 '~할 예정이다'라는 뜻으로 확실히 미래를 나타냅니다. 또 우리가 흔히 생각 하는 '가다'라는 뜻 외에도 문맥과 상황, 문장에 따라 '사라지다'란 뜻이 되기도 하죠. 그래서 go를 현재완료(have gone)로 쓰면 '가고 없다'는 의미까지 전달할 수 있으니 아주 쓸 만하죠?

1

주어 바꾸기

나 간다.
I go.

그 사람들은 간다.
They go.

그가 간다.
He goes.

내(우리) 개가 간다.
My dog goes.

>

2

시제 바꾸기

간다고요, 가.
I'm going.

그 사람들은 갈 거야.
They will go.

그 사람은 갔어.
He went.

우리 개가 사라졌어.
My dog has gone.

go의 현재완료 have gone은
'가고 없다'라는 뜻이에요.

>

3

부정하기

난 안 가.
I'm not going.

그 사람들은 안 갈 거야.
They will not go.

그 사람은 안 갔어.
He didn't go.

우리 개는 안 갔는데.
My dog has not gone.

has not은 줄여서
hasn't라고 해도 돼요.

>

4

질문하기

나 가는 거야?
Am I going?

그 사람들이 갈까?
Will they go?

그 사람은 갔니?
Did he go?

우리 개는 가고 없어?
Has my dog gone?

>

>> 네가 가. 01

우리가 가. 02

그 여자는 간다. 03

너희 남편이 간다. 04

>> 넌 가고 있어. 05

우리가 갈 거야. 06

그 여자는 갔어. 07

네 남편은 가고 없어. 08

>> 넌 안 가. 09

우린 안 갈 거야. 10

그 여자는 안 갔어. 11

네 남편은 안 갔어. 12

>> 너 가는 거야? 13

우리 갈 거야? 14

그 여자 갔어? 15

너희 남편 가고 없어? 16

5

구체화하기

난 외출하는 중이야.
I'm going out.

그 사람들은 같이 갈 거야.
They will go together.

그 사람은 조용히 갔어.
He went silently.*

우리 개가 자취도 없이 사라졌어.
My dog has gone without a trace.*

>

6

시간 말하기

나 지금 가고 있어.
I'm going right now.

그 사람들은 내일 갈 거야.
They will go tomorrow.

그 사람은 지난밤에 갔어.
He went last night.

우리 개가 현재로선 사라지고 없어요.
My dog has gone for now.*

>

7

장소 말하기

나 너희 집에 가고 있어.
I'm going to your house.

그 사람들은 부산에 갈 거야.
They will go to Busan.

그 사람은 거기 갔지.
He went there.

우리 개는 화장실에 갔어.
My dog has gone to the bathroom.

>

WORDS

* silently 아무 말 없이
* without ~없이
* trace 자취, 흔적
* for now 현재로는, 우선은

>> 넌 외출하고 있구나.   17

우리가 함께 갈 거잖아.   18

그 여자는 조용히 갔어.   19

네 남편이 흔적도 없이 사라졌어.   20

>> 넌 지금 가고 있어.   21

우리는 내일 갈 거야.   22

그 여자는 지난밤에 갔어.   23

네 남편은 현재로선 가고 없어.   24

>> 넌 너희 집에 가고 있어.   25

우리는 부산에 갈 거야.   26

그 여자는 거기 갔어.   27

네 남편은 화장실에 갔어.   28

ANSWERS

주어 01 You go. 02 We go. 03 She goes. 04 Your husband goes. 시제 05 You are going. 06 We will go. 07 She went. 08 Your husband has gone. 부정 09 You are not going. 10 We will not go. 11 She didn't go. 12 Your husband has not gone. 질문 13 Are you going? 14 Will we go? 15 Did she go? 16 Has your husband gone? 구체화 17 You are going out. 18 We will go together. 19 She went silently. 20 Your husband has gone without a trace. 시간 21 You are going right now. 22 We will go tomorrow. 23 She went last night. 24 Your husband has gone for now. 장소 25 You are going to your house. 26 We will go to Busan. 27 She went there. 28 Your husband has gone to the bathroom.

앞서 배운 내용을 응용하면 아래처럼 멋지게 말할 수 있게 됩니다. 음원을 듣고 따라 읽어보세요.

시기 묻기

나 언제 나가는 거야?
When am I going out?

그 사람들은 언제 같이 갈까?
When will they go together?

그 사람은 언제 조용히 갔어?
When did he go silently?

우리 개가 사라진 게 언제야?
When has my dog gone?

선택의 or 붙이기

네가 가든 안 가든 난 외출할 거야.
I'm going out, **either with or without you.**

날 데려가든 아니든 그 사람들은 같이 갈 거야.
They will go together, **either with or without me.**

그 여자랑 같이 갔는지 아닌지 그 사람은 조용히 갔어.
He went silently, **either with or without her.**

그 남자하고 같이 갔는지 어쨌는지 우리 개가 사라졌어.
My dog has gone, **either with or without him.**

• either A or B 구문을 쓰면 '이러든지 저러든지' 둘 중에 하나라는 뜻이에요. A나 B에 같은 품사나 같은 전치사구
가 와야 한다는 게 중요해요.

가능성 조동사 붙이기

나 외출할지도 몰라.
I **may** go out.

그 사람들은 같이 갈지도 몰라.
They **might** go together.

그 사람이 조용히 갈 수도 있지.
He **could** go silently.

우리 개가 흔적도 없이 집을 나간 게 틀림없어.
My dog **must** have gone without a trace.

• may, might, could는 전부 약한 가능성을 의미해요. must는 강한 가능성을 나타내며 must have p.p.로 쓰면
'~했던 게 틀림없어'라는 과거에 대한 강한 추측을 표현할 수 있어요.

They came to your wedding.
그 사람들은 네 결혼식에 왔었지.

질문하기

장소 말하기

부정하기

시간 말하기

시제 바꾸기

구체화하기

주어 바꾸기

come
오다

정말 친근한 동사 come에 앞뒤로 살을 붙이면 여러 가지 다양한 문장을 만들 수 있어요. 만만한 동사라 해도 일단 기본을 튼튼하게 배워야 잘 써먹을 수 있으니 1 공정부터 차근차근 입에 붙여 보세요. 현재시제 문장에서 주어가 3인칭일 때는 동사에 s를 빼먹고 발음하면 아~주 어색하게 들리니 조심하시고요!

1

주어 바꾸기

내가 온다.
I come.

그가 온다.
He comes.

그 사람들이 온다.
They come.

때가 온다.
The time comes.

>

2

시제 바꾸기

내가 올게.
I **will come**.

그가 오는 중이야.
He**'s coming**.

그 사람들은 왔었지.
They **came**.

때가 왔어.
The time **has come**.

>

3

부정하기

난 안 올 거야.
I will **not** come.

그는 안 와.
He's **not** coming.

그 사람들은 안 왔어.
They **didn't** come.

때가 아니야.
The time has **not** come.

>

4

질문하기

내가 올까?
Will I come?

그가 오는 중이야?
Is he coming?

그 사람들이 왔었어?
Did they come?

때가 온 거야?
Has the time come?

문장의 뜻은 어색하지만,
기본 문장을 의문문으로
바꾸는 연습을 해 보세요.

>

≫ 네가 온다. 01

그 여자가 온다. 02

우리가 온다. 03

기회가 온다. 04

≫ 네가 올 거야. 05

그 여자가 오는 중이야. 06

우리가 왔었지. 07

기회가 왔어. 08

≫ 넌 안 올 거야. 09

그 여자는 안 올 거야. 10

우린 오지 않았어. 11

기회는 오지 않았어. 12

≫ 네가 올 거야? 13

그 여자가 오는 중이야? 14

우리가 왔었어? 15

기회가 온 거야? 16

5

구체화하기

나 혼자 올게.
I will come **by myself**.*

그가 그 여자랑 오는 중이야.
He's coming **with her**.

그 사람들은 일하러 왔었어.
They came **to work**.

내 인생에 때가 왔어.
The time has come **in my life**.

>

6 ⧗

시간 말하기

내가 나중에 올게.
I will come **later**.

그가 지금 바로 오는 중이야.
He's coming **right now**.

요전에 그 사람들이 왔었지.
They came **the other day**.*

다시 때가 왔어.
The time has come **again**.

>

7

장소 말하기

내가 여기로 올게.
I will come **here**.

그 사람은 집에 오는 중이야.
He's coming **home**.

그 사람들은 네 결혼식에 왔었지.
They came **to your wedding**.

이 나라에 때가 왔어.
The time has come **in this country**.

>

WORDS
* by myself 혼자, 스스로
* the other day 일전에, 며칠 전에

>> 넌 혼자 올 거야.   17

그 여자가 그녀와 함께 오는 중이야.   18

우리가 일하러 왔었어.   19

내 인생에 기회가 왔어.   20

>> 넌 나중에 올 거야.   21

그 여자가 지금 바로 오는 중이야.   22

우리가 요전에 왔었지.   23

다시 기회가 왔어.   24

>> 네가 이리로 올 거야.   25

그 여자는 집에 오는 중이야.   26

우리는 네 결혼식에 왔었어.   27

이 나라에 기회가 왔어.   28

ANSWERS

주어 01 You come. 02 She comes. 03 We come. 04 The chance comes. 시제 05 You will come. 06 She's coming.
07 We came. 08 The chance has come. 부정 09 You will not come. 10 She's not coming. 11 We didn't come. 12
The chance has not come. 질문 13 Will you come? 14 Is she coming? 15 Did we come? 16 Has the chance come?
구체화 17 You will come by yourself. 18 She's coming with her. 19 We came to work. 20 The chance has come in my
life. 시간 21 You will come later. 22 She's coming right now. 23 We came the other day. 24 The chance has come
again. 장소 25 You will come here. 26 She's coming home. 27 We came to your wedding. 28 The chance has come
in this country.

앞서 배운 내용을 응용하면 아래처럼 멋지게 말할 수 있게 됩니다. 음원을 듣고 따라 읽어보세요.

후회 말하기

나 혼자 왔어야 했는데.
I should have come by myself.

그가 그 여자랑 왔어야 했는데.
He should have come with her.

그 사람들은 일하러 왔어야 했어.
They should have come to work.

내 인생에 그 순간이 왔어야 했는데.
The time should have come in my life.

• should have p.p.는 숙어처럼 외워 두세요. '~했어야 했는데'라며 과거에 대한 후회를 나타내는 아주 쓸모 있는
  표현이랍니다.

방법 묻기

나 혼자 어떻게 오라는 거지?
How will I come by myself?

그는 그 여자랑 어떻게 오는 중이야?
How is he coming with her?

그 사람들은 어떻게 일하러 왔지?
How did they come to work?

내 인생에 어떻게 그 순간이 온 걸까?
How has the time come in my life?

비교하기

너하고는 다르게, 난 혼자 올 거야.
Unlike you, I will come by myself.

너랑 달리 그는 그 여자랑 오는 중이야.
Unlike you, he's coming with her.

너하고는 다르게, 그 사람들은 일하러 왔었지.
Unlike you, they came to work.

너하고는 다르게, 내 인생에는 그 순간이 왔어.
Unlike you, the time has come in my life.

The chef will cook on TV.
그 셰프는 티비에 나와서 요리를 할 거야.

 질문하기

 장소 말하기

 부정하기

 시간 말하기

 시제 바꾸기

구체화하기

 주어 바꾸기

cook
요리하다

TV를 켜면 다양한 요리 프로그램이 방송되고 있죠. 음식을 만드는 얘기를 영어로 할 때 cook 동사가 빠질 수 없어요. 누구나 친근하게 느끼는 동사고 발음도 쉽고 쓰기도 쉬워요. 뒤에 목적어로 요리 이름이나 재료를 넣어 3형식으로도 쓸 수 있죠. 일단 여기서는 1형식 '주어+동사' 세트를 만나볼게요.

1

주어 바꾸기

나는 요리를 한다.
I cook.

그 셰프가 요리를 해.
The chef cooks.

내(우리) 언니들이 요리를 해.
My sisters cook.

탐과 토니가 요리를 해.
Tom and Tony cook.

> cook에도 '요리사'라는 뜻이 있어요.
> chef는 전문 요리사나 주방장을
> 말해요.

>

2

시제 바꾸기

난 요리를 하는 중이야.
I'm cooking.

그 셰프가 요리를 할 거야.
The chef will cook.

우리 언니들이 요리를 했어.
My sisters cooked.

탐과 토니가 요리를 하고 있었어.
Tom and Tony were cooking.

>

3

부정하기

나는 요리를 안 하고 있어.
I'm not cooking.

그 셰프가 요리를 안 할 거야.
The chef won't cook.

우리 언니들은 요리를 안 했어.
My sisters didn't cook.

탐과 토니는 요리를 안 하고 있었어.
Tom and Tony weren't cooking.

>

4

질문하기

요리는 내가 하는 거야?
Am I cooking?

그 셰프가 요리를 할까?
Will the chef cook?

우리 언니들이 요리를 했어?
Did my sisters cook?

탐과 토니가 요리를 하고 있었어?
Were Tom and Tony cooking?

>

≫ 너는 요리를 한다. 01

그 영화배우가 요리를 해. 02

내(우리) 오빠들이 요리를 해. 03

제니와 샐리가 요리를 해. (Jenny, Sally) 04

≫ 너 요리를 하고 있구나. 05

그 영화배우가 요리를 할 거야. 06

우리 오빠들이 요리를 했어. 07

제니와 샐리가 요리를 하고 있었어. 08

≫ 너는 요리를 안 하고 있구나. 09

그 영화배우는 요리를 안 할 거야. 10

우리 오빠들은 요리를 안 했어. 11

제니와 샐리가 요리를 안 하고 있었어. 12

≫ 요리는 네가 하는 거야? 13

그 영화배우가 요리를 할까? 14

우리 오빠들이 요리를 했어? 15

제니랑 샐리가 요리를 하고 있었어? 16

5

구체화하기

내가 널 위해서 요리를 하는 중이야.
I'm cooking for you.

그 셰프는 티비에 나와서 요리를 할 거야.
The chef will cook on TV.

우리 언니들이 파티용 요리를 했어.
My sisters cooked for the party.

탐과 토니가 모두를 위해 요리를 하고 있었어.
Tom and Tony were cooking for everyone.

>

6

시간 말하기

난 한참 요리를 하는 중이야.
I'm in the middle of*cooking.

그 셰프는 내일 저녁에 요리를 할 거야.
The chef will cook tomorrow evening.

우리 언니들이 요전번에 요리를 했어.
My sisters cooked the other day.

탐과 토니는 어제 오후에 요리를 하고 있었어.
Tom and Tony were cooking yesterday afternoon.

>

7

장소 말하기

난 집에서 요리를 하는 중이야.
I'm cooking at home.

그 셰프는 레스토랑에서 요리를 할 거야.
The chef will cook at the restaurant.

우리 언니들이 부엌에서 요리를 했어.
My sisters cooked in the kitchen.

탐과 토니가 마당에서 요리를 하고 있었어.
Tom and Tony were cooking in the backyard*.

>

WORDS
• in the middle of ~의 도중에, 중간 무렵에
• backyard 마당, 뒤뜰

>> 날 위해서 네가 요리를 하고 있구나.   17

그 영화배우는 티비에 나와서 요리를 할 거야.   18

내(우리) 오빠들이 파티용 요리를 했어.   19

제니와 샐리가 모두를 위해 요리를 하고 있었어.   20

>> 넌 한참 요리를 하고 있구나.   21

그 영화배우가 내일 저녁에 요리를 할 거야.   22

우리 오빠들이 요전번에 요리를 했어.   23

제니와 샐리는 어제 오후에 요리를 하고 있었어.   24

>> 너 집에서 요리를 하고 있구나.   25

그 영화배우는 레스토랑에서 요리를 할 거야.   26

우리 오빠들이 부엌에서 요리를 했어.   27

제니와 샐리가 마당에서 요리를 하고 있었어.   28

ANSWERS

주어 01 You cook.　02 The actor cooks.　03 My brothers cook.　04 Jenny and Sally cook.　시제 05 You're cooking.　06 The actor will cook.　07 My brothers cooked.　08 Jenny and Sally were cooking.　부정 09 You're not cooking.　10 The actor won't cook.　11 My brothers didn't cook.　12 Jenny and Sally weren't cooking.　질문 13 Are you cooking?　14 Will the actor cook?　15 Did my brothers cook?　16 Were Jenny and Sally cooking?　구체화 17 You're cooking for me.　18 The actor will cook on TV.　19 My brothers cooked for the party.　20 Jenny and Sally were cooking for everyone.　시간 21 You're in the middle of cooking.　22 The actor will cook tomorrow evening.　23 My brothers cooked the other day. 24 Jenny and Sally were cooking yesterday afternoon.　장소 25 You're cooking at home.　26 The actor will cook at the restaurant.　27 My brothers cooked in the kitchen.　28 Jenny and Sally were cooking in the backyard.

앞서 배운 내용을 응용하면 아래처럼 멋지게 말할 수 있게 됩니다. 음원을 듣고 따라 읽어보세요.

의사 표현하기1

난 널 위해 요리하고 싶어.
I want to cook for you.

그 셰프는 티비에 나가서 요리하고 싶어 해.
The chef wants to cook on TV.

우리 언니들은 파티 요리를 하고 싶어 했어.
My sisters wanted to cook for the party.

탐과 토니는 모두를 위해 요리하고 싶어 했어.
Tom and Tony wanted to cook for everyone.

• 자신의 의사를 말하는 다양한 표현 중에 'want to +동사원형'은 '(주어가) 동사하고 싶어 한다'는 뜻입니다.

의사 표현하기2

난 너를 위해 요리할 마음이 있어.
I'm willing to cook for you.

그 셰프는 티비에 나가서 요리할 용의가 있대.
The chef is willing to cook on TV.

우리 언니들은 흔쾌히 파티 요리를 할 마음이 있어.
My sisters are willing to cook for the party.

탐과 토니는 모두를 위해 요리할 의사가 있었어.
Tom and Tony were willing to cook for everyone.

• 'be willing to+동사원형'은 '~할 용의가 있다'로, 주어의 의지를 표현하는 말입니다. be동사는 주어와 시제에 따라 바꿔 쓰세요.

놀라움 표현하기

놀랍게도 내가 널 위해서 요리를 하는 중이야.
To my surprise, I'm cooking for you.

놀랍게도 그 셰프가 티비에 나와서 요리할 거야.
To my surprise, the chef will cook on TV.

놀랍게도 우리 언니들이 파티 요리를 했어.
To my surprise, my sisters cooked for the party.

놀랍게도 탐과 토니가 모두를 위해 요리하고 있었어.
To my surprise, Tom and Tony were cooking for everyone.

• to my surprise는 직역하면 뜻이 어색하니까 '놀랍게도'라는 뜻으로 통째 외워 두세요.

I'm going to walk for
exercise.
난 운동 삼아 걸을 거야.

질문하기

장소 말하기

부정하기

시간 말하기

시제 바꾸기

구체화하기

주어 바꾸기

walk
걷다

walk는 걸어서 못 갈 곳이 없어요. 1형식 동사라서 목적어를 데리고 다
닐 일도 없으니 혼자 가볍게 사방팔방 다니는 게 특징입니다. walk를 발
음할 때 l(엘)은 거의 소리 내지 않습니다. 과거형 walked는 '웍트'로 발
음한다는 것도 알아두세요.

1

주어 바꾸기

나는 걸어간다.
I walk.

너희 아기는 걷는다.
Your baby walks.

엘리자벳은 걸어간다.
Elizabeth walks.

내(우리) 애들은 걸어간다.
My children walk.

>

2

시제 바꾸기

난 걸어갈 거야.
I'm going to walk.

너희 아기는 걸을 거야.
Your baby will walk.

엘리자벳은 걸어갔어.
Elizabeth walked.

우리 애들이 걷고 있었지.
My children were walking.

be going to, will 둘 다 '미래'를 나타내요. be going to는 거의 예정된 일을 말할 때 쓰고, will은 약한 예측과 그러고자 하는 의지의 뉘앙스가 있으니 앞뒤 문맥에 맞게 골라 쓰세요.

>

3

부정하기

난 안 걸어갈 거야.
I'm not going to walk.

너희 아기는 걷지 못할 거야.
Your baby won't walk.

엘리자벳은 걸어가지 않았어.
Elizabeth didn't walk.

우리 애들은 걷고 있지 않았어.
My children weren't walking.

>

4

질문하기

나 걸어갈까?
Am I going to walk?

너희 아기가 걸을까?
Will your baby walk?

엘리자벳은 걸어갔어?
Did Elizabeth walk?

우리 애들이 걷고 있었어?
Were my children walking?

>

>> 너는 걸어간다.   01

그 집 아기는 걷는다.   02

크리스는 걸어간다. (Chris)   03

너희 애들은 걸어간다.   04

>> 넌 걸어갈 거야.   05

그 집 아기는 걸을 거야.   06

크리스는 걸어갔어.   07

너희 애들이 걸어가고 있었어.   08

>> 넌 걸어가지 않을 거야.   09

그 집 아기는 걷지 못할 거야.   10

크리스는 걸어가지 않았어.   11

너희 애들은 안 걸어가고 있었어.   12

>> 너 걸어갈 거야?   13

그 집 아기는 걸을까?   14

크리스는 걸어갔어?   15

너희 애들이 걷고 있었어?   16

5

구체화하기

난 운동 삼아 걸을 거야.
I'm going to walk for exercise.

너희 아기는 결국에 걷게 될 거야.
Your baby will walk eventually.

엘리자벳은 나랑 걸었어.
Elizabeth walked with me.

우리 애들이 학교로 걸어가고 있었지.
My children were walking to school.

>

6

시간 말하기

난 좀 이따 걸어갈 거야.
I'm going to walk in a little bit.

너희 아기는 금방 걸을 거야.
Your baby will walk in no time.

엘리자벳은 잠시 걸었어.
Elizabeth walked for a while.

우리 애들은 방과 후에 걷고 있었어.
My children were walking after school.

>

7

장소 말하기

난 공원에서 걸을 거야.
I'm going to walk in the park.

너희 아기는 사방팔방 걸어 다닐 거야.
Your baby will walk everywhere.

엘리자벳은 여기저기 걸어 다녔지.
Elizabeth walked around.

우리 애들이 놀이터에서 걷고 있었어.
My children were walking at the playground.

>

WORDS

- eventually 결국
- in no time 곧, 당장에
- for a while 잠시 동안, 얼마 동안
- around 여기저기, 이리저리
- playground 놀이터, 운동장

>> 넌 운동 삼아 걸을 거야.　　　　　　　　　　17

　그 집 아기는 결국에 걷게 될 거야.　　　　　18

　크리스는 나랑 걸었지.　　　　　　　　　　19

　너희 애들이 학교로 걸어가고 있었어.　　　　20

>> 넌 좀 이따 걸어갈 거야.　　　　　　　　　21

　그 집 아기는 금방 걸을 거야.　　　　　　　22

　크리스는 잠시 걸었어.　　　　　　　　　　23

　너희 애들이 방과 후에 걷고 있었지.　　　　24

>> 넌 공원에서 걸을 거야.　　　　　　　　　25

　그 집 아기는 사방팔방 걸어 다닐 거야.　　　26

　크리스는 여기저기 걸어 다녔지.　　　　　　27

　너희 애들이 놀이터에서 걷고 있었어.　　　　28

ANSWERS

주어 01 You walk.　02 Their baby walks.　03 Chris walks.　04 Your children walk.　시제 05 You are going to walk.　06 Their baby will walk.　07 Chris walked.　08 Your children were walking.　부정 09 You aren't going to walk.　10 Their baby won't walk.　11 Chris didn't walk.　12 Your children weren't walking.　질문 13 Are you going to walk?　14 Will their baby walk?　15 Did Chris walk?　16 Were your children walking?　구체화 17 You are going to walk for exercise.　18 Their baby will walk eventually.　19 Chris walked with me.　20 Your children were walking to school.　시간 21 You are going to walk in a little bit.　22 Their baby will walk in no time.　23 Chris walked for a while.　24 Your children were walking after school.　장소 25 You are going to walk in the park.　26 Their baby will walk everywhere.　27 Chris walked around.　28 Your children were walking at the playground.

앞서 배운 내용을 응용하면 아래처럼 멋지게 말할 수 있게 됩니다. 음원을 듣고 따라 읽어보세요.

사실 말하기

사실을 말하자면, 난 운동 삼아 걸을 거야.
To tell the truth, I'm going to walk for exercise.

사실을 말하자면, 너희 아기는 결국에 걷게 될 거야.
To tell the truth, your baby will walk eventually.

사실을 말하자면, 엘리자벳은 나랑 걸었어.
To tell the truth, Elizabeth walked with me.

사실을 말하자면, 우리 애들이 학교로 걸어가고 있었어.
To tell the truth, my children were walking to school.

부사로 꾸미기

난 운동 삼아 빨리 걸을 거야.
I'm going to walk fast for exercise.

너희 아기는 결국에 똑바로 걷게 될 거야.
Your baby will walk straight eventually.

엘리자벳은 나랑 천천히 걸었지.
Elizabeth walked slowly with me.

우리 애들은 아무 생각 없이 학교로 걸어가고 있었어.
My children were walking mindlessly to school.

• 일반 동사 뒤에 부사를 붙여 동사를 꾸며 보세요. 표현이 훨씬 자연스럽고 풍부해집니다.
• mindlessly 의식이 없이, 아무 생각 없이

시기 말하기

난 날씨 좋을 때 운동 삼아 걸을 거야.
I'm going to walk for exercise when the weather is nice.

때가 되면 너희 아기는 결국에 걷게 될 거야.
Your baby will walk eventually when the time comes.

비가 오던 때 엘리자벳은 나랑 걸었지.
Elizabeth walked with me when it was raining.

내가 봤을 때 우리 애들은 학교로 걸어가고 있었어.
My children were walking to school when I saw them.

• 'when 주어+동사'를 문장 앞이나 뒤에 달면 때를 알려주는 말이 됩니다.

My daughter studied for the test.

우리 딸은 시험에 대비해서 공부했어요.

질문하기

장소 말하기

부정하기

시간 말하기

시제 바꾸기

구체화하기

주어 바꾸기

study

공부하다

study는 특별히 다른 뜻 없이 착실하게 공부만 해요. 다른 동사들처럼 여러 가지 뜻으로 사람을 헷갈리게 하지 않고, 꾸준히 '공부'로 밀고 나가서 예쁜 동사입니다. eat, cook처럼 study도 뒤에 목적어를 써서 '～를 공부하다'라고 3형식 문장으로 쓸 수 있어요.

1

주어 바꾸기

나는 공부한다.
I study.

그 학생은 공부한다.
The student studies.

내(우리) 딸은 공부한다.
My daughter studies.

고3 학생들은 공부한다.
The high school seniors* study.

> study + s
> = studies로 써요.

2

시제 바꾸기

난 공부하고 있어.
I'm **studying**.

그 학생은 공부할 거야.
The student **will study**.

우리 딸은 공부했어요.
My daughter **studied**.

고3 학생들은 공부를 해 왔어.
The high school seniors **have studied**.

3

부정하기

난 공부 안 하고 있어.
I'm **not** studying.

그 학생은 공부 안 할 거야.
The student **won't** study.

우리 딸은 공부 안 했어요.
My daughter **didn't** study.

고3 학생들이 공부를 안 했어.
The high school seniors **haven't** studied.

4

질문하기

나 공부하고 있는 거야?
Am I studying?

그 학생 공부할까?
Will the student study?

우리 딸은 공부했어요?
Did my daughter study?

고3 학생들은 공부했나?
Have the high school seniors studied?

≫ 너는 공부한다.   01

그 인턴*은 공부한다. (intern)   02

내(우리) 아들은 공부한다.   03

중학생들*은공부한다. (middle school student)   04

≫ 넌 공부하고 있어.   05

그 인턴은 공부할 거야.   06

우리 아들은 공부했어요.   07

중학생들은 공부를 해 왔지.   08

≫ 너 공부 안 하는 구나.   09

그 인턴은 공부 안 할 거야.   10

우리 아들은 공부 안 했어요.   11

중학생들은 공부를 안 했지.   12

≫ 너 공부하고 있어?   13

그 인턴은 공부할까?   14

우리 아들은 공부했어요?   15

중학생들은 공부했나?   16

5
구체화하기

난 내 목표를 위해서 공부하고 있어.
I'm studying for my goal.

그 학생은 정말 열심히 공부할 거야.
The student will study really hard.

우리 딸은 시험에 대비해서 공부했어요.
My daughter studied for the test.

고3 학생들은 대학에 가려고 공부해 왔지.
The high school seniors have studied for college.

6
시간 말하기

나 지금 공부하고 있어.
I'm studying now.

그 학생은 앞으로 공부할 거야.
The student will study in the future.

우리 딸은 지난밤에 공부했어요.
My daughter studied last night.

고3 학생들은 하루 종일 공부해 왔어.
The high school seniors have studied all day.

7
장소 말하기

나 도서관에서 공부하고 있어.
I'm studying in the library.*

그 학생은 내 반에서 공부할 거야.
The student will study in my class.

우리 딸은 뉴욕에서 공부했어요.
My daughter studied in New York.

고3 학생들은 학교에서 공부해 왔지.
The high school seniors have studied at school.

WORDS

- senior 연장자, 상급자, 학교의 마지막 학년
- intern 병원의 수련의, 회사의 교육생
- middle school student 중학생
- library 도서관
- department 부서

>> 넌 목표를 위해서 공부하는구나. 17

>> 그 인턴은 진짜 열심히 공부할 거야. 18

내(우리) 아들은 시험에 대비해서 공부했어요. 19

중학생들은 고등학교에 가려고 공부해 왔지. 20

>> 너 지금 공부하는구나. 21

그 인턴은 앞으로 공부할 거야. 22

우리 아들은 지난밤에 공부했어요. 23

중학생들은 하루 종일 공부해 왔지. 24

>> 너 도서관에서 공부하고 있구나. 25

그 인턴은 우리 부서에서 공부할 거야. 26

우리 아들은 뉴욕에서 공부했어요. 27

중학생들은 학교에서 공부해 왔지. 28

ANSWERS

주어 01 You study. 02 The intern studies. 03 My son studies. 04 The middle school students study. 시제 05 You are studying. 06 The intern will study. 07 My son studied. 08 The middle school students have studied. 부정 09 You aren't studying. 10 The intern won't study. 11 My son didn't study. 12 The middle school students haven't studied. 질문 13 Are you studying? 14 Will the intern study? 15 Did my son study? 16 Have the middle school students studied? 구체화 17 You are studying for your goal. 18 The intern will study really hard. 19 My son studied for the test. 20 The middle school students have studied for high school. 시간 21 You are studying now. 22 The intern will study in the future. 23 My son studied last night. 24 The middle school students have studied all day. 장소 25 You are studying in the library. 26 The intern will study in my department. 27 My son studied in New York. 28 The middle school students have studied at school.

앞서 배운 내용을 응용하면 아래처럼 멋지게 말할 수 있게 됩니다. 음원을 듣고 따라 읽어보세요.

시간 묻기

나 몇 시간이나 공부해야 돼?
How many hours do I have to study?

그 학생은 몇 시간이나 공부해야 돼?
How many hours does the student have to study?

우리 딸이 몇 시간이나 공부해야 되나요?
How many hours does my daughter have to study?

고3 학생들은 몇 시간이나 공부해야 됩니까?
How many hours do the high school seniors have to study?

to 부정사로 꾸미기

난 내 목표를 달성하기 위해서 공부하고 있어.
I'm studying to achieve* my goal.

A를 받기 위해서 그 학생은 정말 열심히 공부할 거야.
The student will study really hard to get an A.

우리 딸은 시험을 통과하려고 공부했어요.
My daughter studied to pass the test.

고3 학생들은 대학에 들어가려고 공부해 왔지.
The high school seniors have studied to enter college.

• 'to+동사원형'는 정말 다양한 의미를 가지고 있어요. 이번 것은 ' ~하기 위해서'라는 목표를 표시하는 경우예요.
• achieve 달성하다, 성취하다

의무 나타내기

난 내 목표를 위해서 공부해야만 해.
I must study for my goal.

그 학생은 정말 열심히 공부해야 돼.
The student must study really hard.

우리 딸은 시험에 대비해서 공부해야 돼.
My daughter must study for the test.

고3 학생들이 대학에 가려면 공부해야만 해.
The high school seniors must study for college.

**She's living here
on the 3rd floor.**
그 여자는 여기 3층에 살아.

질문하기

장소 말하기

부정하기

시간 말하기

시제
바꾸기

구체화하기

주어
바꾸기

live 살다

live는 목적어가 필요 없는 자동사, 즉 1형식 동사이긴 하지만 약방의 감초처럼 부사가 늘 잘 따라 붙어요. live만 쓰면 삶과 죽음의 기로에 선 것처럼 '사는 것' 자체를 의미하는 뉘앙스라 숙연해지는 맛이 있고요. 친 구처럼 괜히 따라오는 부사, 예를 들어 here를 붙이면 '여기 산다'처럼 가볍게 사람 사는 맛을 내는 신기한 동사죠. live는 진행형으로 쓰지 않 는 동사로 알려져 있지만, 일시적인 주거 상태를 나타낼 때는 −ing를 붙 여서 씁니다.

1

주어 바꾸기

나는 산다.
I live.

그 환자는 산다.
The patient lives.

그 여자는 산다.
She lives.

그 커플은 산다.
The couple lives.

>

2

시제 바꾸기

난 살 거야.
I'm going to live.

그 환자는 살 거야.
The patient will live.

그 여자는 여기 살아.
She's living here.

그 커플은 여기 살고 있죠.
The couple has lived **here.**

be going to, will 둘 다 '미래'를
나타내요. be going to는 거의
예정된 일을 말할 때 쓰고,
will은 약한 예측과 그러고자 하는
의지의 뉘앙스가 있으니
앞뒤 문맥에 맞게 골라 쓰세요.

>

3

부정하기

난 못 살 거야.
I'm not going to live.

그 환자는 못 살 거야.
The patient won't live.

그 여자는 여기 안 살아.
She isn't living here.

그 커플은 여기 안 살았어요.
The couple hasn't lived here.

>

4 ?

질문하기

내가 살까요?
Am I going to live?

그 환자가 살까?
Will the patient live?

그 여자 여기 살아?
Is she living here?

그 커플은 여기서 살았나요?
Has the couple lived here?

문장의 뜻은 어색하지만,
기본 문장을 의문문으로
바꾸는 연습을 해 보세요.

>

>> 너는 산다.	01
그 죄수*가 산다. (prisoner)	02
그 남자는 산다.	03
그 가족이 산다.	04

>> 넌 살 거야.	05
그 죄수는 살 거야.	06
그 남자는 여기 살아.	07
그 가족이 여기 살고 있죠.	08

>> 넌 못 살 거야.	09
그 죄수는 못 살 거야.	10
그 남자는 여기 안 살아.	11
그 가족은 여기 안 살았어요.	12

>> 너 살 거니?	13
그 죄수가 살까?	14
그 남자 여기 살아?	15
그 가족은 여기서 살았나요?	16

5

구체화하기

난 너하고 살 거야.
I'm going to live **with you**.

그 환자는 네 도움으로 살 거야.
The patient will live **with your help**.

그 여자는 재미로 여기 살아.
She's living here **for fun**.

그 커플은 여기서 불평 없이 살고 있죠.
The couple has lived here **without complaint**.*

>

6

시간 말하기

난 영원히 살 거야.
I'm going to live forever.

그 환자 1년은 살 거야.
The patient will live for a year.

그 여자는 현재 여기 살아.
She's living here at the moment.

그 커플은 여기 5년째 살고 있죠.
The couple has lived here for five years.

>

7

장소 말하기

난 주택에서 살 거야.
I'm going to live **in a house.***

그 환자는 재활 센터에서 살 거야.
The patient will live **in rehab.***

그 여자는 여기 3층에 살아.
She's living here **on the 3rd floor**.

그 커플은 여기 지하실에서 살고 있죠.
The couple has lived here **in the basement.***

>

WORDS

• prisoner 죄수
• complaint 불평, 항의, 고소
• house 집, 주택
• rehab 중독 치료(소)
• basement 건물의 지하층

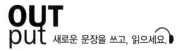
OUT put 새로운 문장을 쓰고, 읽으세요.

≫ 넌 나하고 살 거야.   17

그 죄수는 네 도움으로 살 거야.   18

그 남자는 재미로 여기 살아.   19

그 가족이 여기서 불평 없이 살고 있죠.   20

≫ 넌 영원히 살 거야.   21

그 죄수 1년은 살 거야.   22

그 남자는 현재 여기 살아.   23

그 가족이 5년째 여기 살고 있죠.   24

≫ 넌 주택에서 살 거야.   25

그 죄수는 재활 센터에서 살 거야.   26

그 남자는 여기 3층에 살아.   27

그 가족은 여기 지하실에서 살고 있죠.   28

ANSWERS

주어 01 You live. 02 The prisoner lives. 03 He lives. 04 The family lives. 시제 05 You are going to live. 06 The prisoner will live. 07 He's living here. 08 The family has lived here. 부정 09 You aren't going to live. 10 The prisoner won't live. 11 He isn't living here. 12 The family hasn't lived here. 질문 13 Are you going to live? 14 Will the prisoner live? 15 Is he living here? 16 Has the family lived here? 구체화 17 You are going to live with me. 18 The prisoner will live with your help. 19 He's living here for fun. 20 The family has lived here without complaint. 시간 21 You are going to live forever. 22 The prisoner will live for a year. 23 He's living here at the moment. 24 The family has lived here for 5 years. 장소 25 You are going to live in a house. 26 The prisoner will live in rehab. 27 He's living here on the 3rd floor. 28 The family has lived here in the basement.

앞서 배운 내용을 응용하면 아래처럼 멋지게 말할 수 있게 됩니다. 음원을 듣고 따라 읽어보세요.

가능성 말하기

난 너하고 살 수도 있어.
I could live with you.

그 환자가 네 도움으로 살 수도 있지.
The patient could live with your help.

그 여자는 재미로 여기에 살 수도 있어.
She could live here for fun.

그 커플이 여기서 불평 없이 살 수도 있지.
The couple could live here without complaint.

- could는 can의 과거형만이 아니라 약한 가능성을 나타내는 현재나 미래의 의미도 있습니다. 이걸 알고 있어야 자연스럽게 해석할 수 있어요.

내 생각 말하기

내 생각에 난 너하고 살게 될 것 같아.
I think I'm going to live with you.

내 생각에 그 환자는 네 도움으로 살 거야.
I think the patient will live with your help.

내 생각에 그 여자는 재미로 여기 살고 있어.
I think she's living here for fun.

내 생각에 그 커플은 여기서 불평 없이 살아 왔어.
I think the couple has lived here without complaint.

조건 붙이기

가능하다면 난 너랑 살려고 해.
I'm going to live with you if it's possible.

운이 좋다면 그 환자는 네 도움으로 살 거야.
The patient will live with your help if he's lucky.

재미만 있다면 그 여자는 여기에서 살 거야.
She will live here if it's fun.

아무도 불평만 안 한다면 그 커플은 여기서 살 거야.
The couple will live here if nobody complains.*

- 미래시제가 갖춰진 문장이 앞에 나오고, 'if+주어+동사'를 뒤에 붙이면 '~하다면 ~할 거야'라는 조건이 달린 문장이 됩니다.
- complain 불평하다

**Your happiness matters
no matter what.**
무슨 일이 있어도 네 행복이 중요하지.

질문하기

장소 말하기

부정하기

시간 말하기

시제
바꾸기

구체화하기

주어
바꾸기

matter

중요하다

matter(문제되다, 중요하다)는 조금 심각한 동사예요. matter에게는 모든 게 중요하거든요. 하지만 다른 1형식 동사와 마찬가지로 뒤에 아무것도 안 붙여도 말이 되니까 부담 없이 쓰세요.

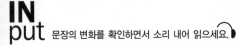
1

주어 바꾸기

네 행복이 중요하지.
Your happiness matters.

돈이 중요하지.
Money matters.

관계가 중요하지.
Relationships* matter.

사람이 중요하지.
People matter.

2

시제 바꾸기

네 행복이 중요하지.
Your happiness matters.

돈이 중요하게 될 거야.
Money is going to matter.

관계가 중요할 거야.
Relationships will matter.

사람이 중요했어.
People mattered.

현재 시제를 보여줄 거라서
1공정 주어 바꾸기와
문장이 똑같아요.

3

부정하기

네 행복은 중요하지 않아.
Your happiness doesn't matter.

돈은 문제가 안 될 거야.
Money isn't going to matter.

관계는 중요하지 않을 거야.
Relationships won't matter.

사람은 중요하지 않았어.
People didn't matter.

4

질문하기

네 행복이 중요하니?
Does your happiness matter?

돈이 중요할까?
Is money going to matter?

관계가 중요할까?
Will relationships matter?

사람이 중요했어?
Did people matter?

≫ 내 행복이 중요하지. 01

가족이 중요하지. 02

매너*가 중요하지. (manner) 03

친구들이 중요하지. 04

≫ 내 행복이 중요하지. 05

가족이 중요하게 될 거야. 06

매너가 중요할 거야. 07

친구들이 중요했어. 08

≫ 내 행복은 중요하지 않아. 09

가족은 문제가 안 될 거야. 10

매너는 중요하지 않을 거야. 11

친구들이 중요하지 않았어. 12

≫ 내 행복이 중요한가? 13

가족이 중요할까? 14

매너가 중요할까? 15

친구들이 중요했어? 16

5

구체화하기

무슨 일이 있어도 네 행복이 중요하지.
Your happiness matters no matter what*.

>

결혼에는 돈이 중요하게 될 거야.
Money is going to matter in marriage.

결국에는 관계가 중요할 거야.
Relationships will matter in the end*.

나한테는 사람이 중요했어.
People mattered to me.

6

시간 말하기

지금으로서는 네 행복이 중요하지.
Your happiness matters for now.

>

금세 돈이 중요하게 될 거야.
Money is going to matter very soon.

조만간 관계가 중요해질 거야.
Relationships will matter sooner or later*.

그 당시에는 사람이 중요했어.
People mattered at that time.

7

장소 말하기

집에서는 네 행복이 중요하지.
Your happiness matters at home.

>

네 인생에서 돈이 중요하게 될 거야.
Money is going to matter in your life.

직장에서는 관계가 중요할 거야.
Relationships will matter at work*.

정치에서는 사람이 중요했어.
People mattered in politics*.

WORDS

• relationships 사람이나 집단 사이의 관계('관계'는 나와 상대방이 맺기 때문에 주로 복수로 쓴다.)
• manner 태도, 방식
• no matter what 누가 뭐라 해도, 무슨 일이 있어도
• in the end 마침내, 결국
• sooner or later 조만간
• work 일, 직장, 직업
• politics 정치

≫ 무슨 일이 있어도 내 행복이 중요하지.   17

결혼에서 가족이 중요하게 될 거야.   18

결국에는 매너가 중요할 거야.   19

나한테는 친구들이 중요했어.   20

≫ 지금으로서는 내 행복이 중요하지.   21

금세 가족이 중요하게 될 거야.   22

조만간 매너가 중요할 거야.   23

그 당시에는 친구들이 중요했어.   24

≫ 집에서는 내 행복이 중요하지.   25

네 인생에서 가족이 중요하게 될 거야.   26

직장에서 매너가 중요할 거야.   27

정치에서는 친구들이 중요했어.   28

ANSWERS

주어 01 My happiness matters. 02 Family matters. 03 Manners matter. 04 Friends matter. 시제 05 My happiness matters. 06 Family is going to matter. 07 Manners will matter. 08 Friends mattered. 부정 09 My happiness doesn't matter. 10 Family isn't going to matter. 11 Manners won't matter. 12 Friends didn't matter. 질문 13 Does my happiness matter? 14 Is family going to matter? 15 Will manners matter? 16 Did friends matter? 구체화 17 My happiness matters no matter what. 18 Family is going to matter in marriage. 19 Manners will matter in the end. 20 Friends mattered to me. 시간 21 My happiness matters for now. 22 Family is going to matter very soon. 23 Manners will matter sooner or later. 24 Friends mattered at that time. 장소 25 My happiness matters at home. 26 Family is going to matter in your life. 27 Manners will matter at work. 28 Friends mattered in politics.

앞서 배운 내용을 응용하면 아래처럼 멋지게 말할 수 있게 됩니다. 음원을 듣고 따라 읽어보세요.

생각 묻기

네 생각에는 네 행복이 중요하니?
Do you think your happiness matter?

너는 돈이 중요할 거라고 생각해?
Do you think money is going to matter?

너는 관계가 중요할 거라고 생각하니?
Do you think relationships will matter?

넌 사람이 중요하다고 생각해?
Do you think people matter?

생각 말하기

난 무슨 일이 있어도 네 행복이 중요한 건 아니라고 생각해.
I don't think your happiness matters no matter what.

난 결혼에 돈이 중요할 거라고 생각 안 해.
I don't think money is going to matter in marriage.

난 결국 관계가 중요할 거라고 생각 안 해.
I don't think relationships will matter in the end.

난 나한테 사람이 중요하다고 생각 안 해.
I don't think people matter to me.

강조하기

당연히 무슨 일이 있어도 네 행복이 중요하지.
Of course your happiness matters no matter what.

당연히 결혼에서 돈이 중요하게 될 거야.
Of course money is going to matter in marriage.

당연히 결국에는 관계가 중요할 거야.
Of course relationships will matter in the end.

당연히 나한테는 사람이 중요했어.
Of course people mattered to me.

2형식

주어 + 동사 + 보어

'주어'의 '보어 상태'를 '동사'한다

2형식 동사는 혼자 못 놀아요. 명사나 형용사와 같은 보어 친구가 꼭 있어야 합니다. 그런 친구들 없으면 진짜 앙꼬 없는 찐빵 되는 게 2형식 동사예요. 여기에 속하는 대부분의 동사는 형용사만 와 주길 원하는데, be 동사나 become 같이 성격 좋은 동사는 명사도 좋고 형용사도 좋다고 다 받아줍니다. 예문에는 다양한 시제가 나오는데, 기본 시제 외에 현재완료는 꼭 알아 두세요. 동사의 옷인 시제가 살아야 문장의 맛이 살기 때문이죠. have+p.p. 현재완료는 주어의 경험(그런 적 있다)이나 완료(다 했다)를 보여주는데 탁월한 시제입니다. 과거 시제와는 다르게 현재와의 연관성까지 보여주는 실용적인 시제라서 원어민들은 많이 씁니다. 어렵다 생각하지 말고 일단 한번 써 보세요. 내 영어가 한 단계 훌쩍 업그레이드되니까요.

My boss looks upset at me.

우리 보스는 나한테 열 받아 보여.

질문하기

장소 말하기

부정하기

시간 말하기

시제
바꾸기

구체화하기

주어
바꾸기

look

보다

look은 '~해 보인다'는 뜻으로 주어를 관찰자의 입장에서 볼 때 많이 써요. 그래서 look 동사는 진행형이나 현재완료로는 잘 쓰지 않아요. '감각동사'라고 해서 보고(look), 느끼고(feel), 냄새 맡는(smell) 동사는 주어의 의지가 개입된 특별한 경우를 제외하고는 진행형으로 잘 안 쓰기 때문이죠. 그래서 원어민이 가장 많이 쓰는 시제인 현재, 과거, 미래만 보여드립니다.

1

주어 바꾸기

나 늙어 보여.
I look old.

그 사람은 좋아 보여.
He looks good.

내(우리) 보스가 열 받아 보여.
My boss* looks upset*.

그 사람들은 행복해 보여.
They look happy.

>

2

시제 바꾸기

난 나이 들어 보일 거야.
I **will look** old.

그 사람은 멋져 보일 거야.
He**'s going to look** good.

우리 보스가 열 받아 보여.
My boss **looks** upset.

그 사람들은 행복해 보였어.
They **looked** happy.

현재 시제를 보여줄 거라서
1공정 주어 바꾸기와
문장이 똑같아요.

>

3

부정하기

난 나이 들어 보이지 않을 거야.
I will **not** look old.

그 사람은 안 좋아 보일 거야.
He **isn't** going to look good.

우리 보스는 열 받은 것처럼 보이지 않는데.
My boss **doesn't** look upset.

그 사람들은 행복해 보이지 않았어.
They **didn't** look happy.

>

4

질문하기

나 나이 들어 보일까?
Will I look old?

그 사람이 멋져 보일까?
Is he going to look good?

우리 보스 열 받아 보여?
Does my boss look upset?

그 사람들은 행복해 보였어?
Did they look happy?

문장의 뜻은 어색하지만,
기본 문장을 의문문으로
바꾸는 연습을 해 보세요.

>

≫ 넌 나이 들어 보여. 01

그 여자는 좋아 보여. 02

내(우리) 와이프가 열 받아 보여. 03

내 친구들은 행복해 보여. 04

≫ 넌 나이 들어 보일 거야. 05

그 여자는 멋져 보일 거야. 06

우리 와이프가 열 받아 보여. 07

내 친구들은 행복해 보였어. 08

≫ 넌 나이 들어 보이지 않을 거야. 09

그 여자는 안 좋아 보일 거야. 10

우리 와이프는 열 받은 것처럼 안 보여. 11

내 친구들은 행복해 보이지 않았어. 12

≫ 너 나이 들어 보일까? 13

그 여자가 좋아 보일까? 14

우리 와이프 열 받아 보여? 15

내 친구들이 기분 좋아 보였어? 16

5

구체화하기

난 메이크업 하면 나이 들어 보일 거야.
I will look old with makeup.

그 사람이 이 양복을 입으면 멋져 보일 거야.
He's going to look good in this suit.

우리 보스는 나한테 열 받아 보여.
My boss looks upset at me.

그 사람들은 함께 행복해 보였어.
They looked happy together.

6

시간 말하기

40대에는 나도 나이 들어 보일 거야.
I will look old in my 40s.*

그 사람은 내일 멋져 보일 거야.
He is going to look good tomorrow.

우리 보스는 아침에 열 받은 것처럼 보여.
My boss looks upset in the morning.

그 사람들은 지난번에 행복해 보였어.
They looked happy last time.

7

장소 말하기

파티에서 나 나이 들어 보일 거야.
I will look old at the party.

그 사람은 프레젠테이션 할 때 멋져 보일 거야.
He is going to look good during* the presentation.

우리 보스는 직장에서 열 받아 보여.
My boss looks upset at work.

그 사람들은 결혼식장에서 행복해 보였어.
They looked happy at the wedding.

WORDS

- boss 보스, 상사, 상관
- upset 마음이 상한
- 40s 40대
- during ~하는 동안

>> 넌 메이크업 하면 나이 들어 보일 거야.   17

>> 그 여자가 이 수트를 입으면 멋져 보일 거야.   18

>> 내(우리) 와이프는 나한테 열 받아 보여.   19

>> 내 친구들은 함께 행복해 보였어.   20

>> 넌 40대에 나이 들어 보일 거야.   21

>> 그 여자 내일은 좋아 보일 거야.   22

>> 우리 와이프는 아침에 열 받아 보여.   23

>> 지난번에는 내 친구들이 행복해 보였어.   24

>> 넌 파티에서 나이 들어 보일 거야.   25

>> 그 여자는 프레젠테이션 할 때 멋져 보일 거야.   26

>> 우리 와이프는 직장에서 열 받아 보여.   27

>> 내 친구들은 결혼식장에서 기분 좋아 보였어.   28

ANSWERS

주어 01 You look old. 02 She looks good. 03 My wife looks upset. 04 My friends look happy. 시제 05 You will look old. 06 She's going to look good. 07 My wife looks upset. 08 My friends looked happy. 부정 09 You will not look old. 10 She's not going to look good. 11 My wife doesn't look upset. 12 My friends didn't look happy. 질문 13 Will you look old? 14 Is she going to look good? 15 Does my wife look upset? 16 Did my friends look happy? 구체화 17 You will look old with makeup. 18 She's going to look good in this suit. 19 My wife looks upset at me. 20 My friends looked happy together. 시간 21 You will look old in your 40s. 22 She's going to look good tomorrow. 23 My wife looks upset in the morning. 24 My friends looked happy last time. 장소 25 You will look old at the party. 26 She's going to look good during the presentation. 27 My wife looks upset at work. 28 My friends looked happy at the wedding.

앞서 배운 내용을 응용하면 아래처럼 멋지게 말할 수 있게 됩니다. 음원을 듣고 따라 읽어보세요.

장담하기

난 메이크업은 하면 나이 들어 보일 거라고 장담해.
I guarantee I will look old with makeup.

내가 장담하건대, 그 사람은 이 양복을 입으면 멋져 보일 거야.
I guarantee he's going to look good in this suit.

내가 장담하건대, 우리 보스가 나한테 열 받아 보여.
I guarantee my boss looks upset at me.

내가 장담하건대, 그 사람들은 함께 행복해 보였어.
I guarantee they looked happy together.

• guarantee 보장하다, 확신하다

문장 앞에서 꾸미기

진짜로, 난 메이크업을 하면 나이 들어 보일 거야.
Seriously, I will look old with makeup.

분명히, 그 사람이 이 양복을 입으면 멋져 보일 거야.
Definitely, he's going to look good in this suit.

이상하게, 우리 보스는 나한테 열 받아 보여.
Strangely, my boss looks upset at me.

다행히도, 그 사람들이 함께여서 행복해 보였어.
Fortunately, they looked happy together.

상대방 생각 묻기

나 메이크업 하면 나이 들어 보일 거라 생각해?
Do you think I will look old with makeup?

넌 그 사람이 이 양복을 입으면 멋져 보일 거라 생각해?
Do you think he's going to look good in this suit?

네 생각에 우리 보스가 나한테 열 받아 보여?
Do you think my boss looks upset at me?

넌 그 사람들이 함께여서 행복해 보였다고 생각해?
Do you think they looked happy together?

It felt right with her.
그 여자하고 느낌이 좋았어.

질문하기

장소 말하기

부정하기

시간 말하기

시제
바꾸기

구체화하기

주어
바꾸기

feel 느끼다

영어 문장보다 우리말 해석이 더 까다로울 때가 많이 있어요. 예를 들어 feel은 '느낌'뿐 아니라 예감, 기분 혹은 몸 상태까지 표현할 수 있답니다. 우리말로는 여러 다른 상황이지만 영어로는 간단하게 feel을 쓰면 되는 거죠. 참고로 제가 여기서 보여드리는 시제는 사람들이 대화에서 주로 많이 쓰는 거예요. sound, look 등 감각동사는 진행형으로 잘 안 쓰는데 feel 만큼은 예외로 잘 씁니다. 모든 시제를 다 보여 드리기보다 진짜 많이 쓰는 진행형 중심으로 구성했습니다.

1

주어 바꾸기

난 상태가 좋아.
I feel good.

네 남자친구가 기분 나쁘지.
Your boyfriend feels bad.

느낌이 좋아.
It feels right.

너희 친척들이 어색하게 느껴.
Your relatives* feel awkward.*

2

시제 바꾸기

난 컨디션이 좋아.
I'm feeling good.

네 남자친구는 기분이 나빴지.
Your boyfriend was feeling bad.

느낌이 좋았어.
It felt right.

너희 친척들이 어색하게 느낄 거야.
Your relatives will feel awkward.

3

부정하기

나 컨디션이 안 좋아.
I'm not feeling good.

네 남자친구의 기분이 나쁘지는 않지.
Your boyfriend was not feeling bad.

느낌이 안 좋았어.
It didn't feel right.

너희 친척들은 어색하지 않을 거야.
Your relatives will not feel awkward.

4

질문하기

내 컨디션 좋냐고?
Am I feeling good?

네 남자친구의 기분이 나빴을까?
Was your boyfriend feeling bad?

느낌이 좋았어?
Did it feel right?

너희 친척들이 어색해 할까?
Will your relatives feel awkward?

≫ 넌 상태가 좋아.   01

네 여자 친구는 기분이 나쁘지.   02

그 계획은 느낌이 좋아.   03

내(우리) 부모님이 어색하게 느끼셔.   04

≫ 너 컨디션 좋네.   05

네 여자 친구는 기분이 나빴지.   06

그 계획은 느낌이 좋았어.   07

우리 부모님이 어색하게 느끼실 거야.   08

≫ 넌 컨디션 안 좋잖아.   09

네 여자 친구의 기분이 나쁘지 않았지.   10

그 계획은 느낌이 좋지 않았어.   11

우리 부모님이 어색하게 느끼지 않으실 거야.   12

≫ 넌 컨디션 좋은 거야?   13

네 여자 친구의 기분이 나빴을까?   14

그 계획은 느낌이 좋았어?   15

우리 부모님이 어색해 하실까?   16

5

구체화하기

난 그거 느낌이 좋아.
I'm feeling good **about it**.

그 의견에 네 남자친구의 기분이 나빴지.
Your boyfriend was feeling bad **about the idea**.

그 여자하고 느낌이 좋았어.
It felt right **with her**.

너희 친척들은 그 사람들하고 어색하게 느낄 거야.
Your relatives will feel awkward **with them**.

>

6

시간 말하기

난 지금 컨디션 좋아.
I'm feeling good right now.

네 남자친구가 그 당시에 기분이 나빴지.
Your boyfriend was feeling bad at that time.

이번에는 느낌이 좋았어.
It felt right this time.

너희 친척들이 아침에 어색하게 느낄 거야.
Your relatives will feel awkward in the morning.

>

7

장소 말하기

난 학교에서 컨디션 좋아.
I'm feeling good **at school**.

네 남자친구는 파티에서 기분이 나빴지.
Your boyfriend was feeling bad **at the party**.

회사 면접에서 느낌이 좋았어.
It felt right **during the job interview**.

너희 친척들이 교회에서 어색하게 느낄 거야.
Your relatives will feel awkward **at church**.

>

WORDS
- right 상태가 좋은, 정상인
- relative 친척
- awkward 어색한

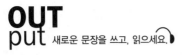

≫ 넌 그거에 대해 기분이 좋구나. 17

그 의견에 네 여자 친구는 기분이 나빴어. 18

그 계획이 그 여자하고 맞았어. 19

내(우리) 부모님이 그 사람들하고 어색하게 느끼실 거야. 20

≫ 넌 지금 컨디션이 좋잖아. 21

네 여자 친구는 그 당시에 기분이 나빴지. 22

그 계획은 이번에 느낌이 좋았어. 23

우리 부모님이 아침에 어색하게 느끼실 거야. 24

≫ 넌 학교에서 컨디션 좋잖아. 25

네 여자 친구는 파티에서 기분이 나빴지. 26

그 계획은 회사 면접에서 느낌이 좋았어. 27

우리 부모님이 교회에서 어색하게 느끼실 거야. 28

ANSWERS

주어 01 You feel good. 02 Your girlfriend feels bad. 03 The plan feels right. 04 My parents feel awkward. 시제 05 You're feeling good. 06 Your girlfriend was feeling bad. 07 The plan felt right. 08 My parents will feel awkward. 부정 09 You're not feeling good. 10 Your girlfriend was not feeling bad. 11 The plan didn't feel right. 12 My parents will not feel awkward. 질문 13 Are you feeling good? 14 Was your girlfriend feeling bad? 15 Did the plan feel right? 16 Will my parents feel awkward? 구체화 17 You're feeling good about it. 18 Your girlfriend was feeling bad about the idea. 19 The plan felt right with her. 20 My parents will feel awkward with them. 시간 21 You're feeling good right now. 22 Your girlfriend was feeling bad at that time. 23 The plan felt right this time. 24 My parents will feel awkward in the morning. 장소 25 You're feeling good at school. 26 Your girlfriend was feeling bad at the party. 27 The plan felt right during the job interview. 28 My parents will feel awkward at church.

앞서 배운 내용을 응용하면 아래처럼 멋지게 말할 수 있게 됩니다. 음원을 듣고 따라 읽어보세요.

생각의 이유 묻기

왜 내가 그것에 대해 느낌이 좋은 것 같다고 생각해?
Why do you think I'm feeling good about it?

네 생각에는 그 의견에 왜 네 남자친구 기분이 나빴던 것 같아?
Why do you think your boyfriend was feeling bad about the idea?

넌 왜 그 여자에 대한 느낌이 좋았다고 생각해?
Why do you think it felt right with her?

왜 너희 부모님이 그 사람들하고 어색하게 느낄 거라고 생각해?
Why do you think your parents will feel awkward with them?

'어쨌든표현하기

어찌 됐든, 나 그거 느낌이 좋아.
I'm feeling good about it, no matter what.

어찌 됐든, 그 의견에 네 남자친구가 기분 나빠 했어.
Your boyfriend was feeling bad about the idea, no matter what.

어찌 됐든, 그 여자하고 느낌이 좋았어.
It felt right with her, no matter what.

어찌 됐든, 너희 부모님이 그 사람들하고 어색하다고 느끼실 거야.
Your parents will feel awkward with them, no matter what.

강조하기

나 그거 느낌이 진짜 좋아.
I do feel good about it.

그 의견에 네 남자친구 기분이 분명 좋질 않아.
Your boyfriend does feel bad about the idea.

그 여자하고 느낌이 진짜 좋았어.
It did feel right with her.

너희 부모님은 그 사람들을 분명히 어색하게 느끼셨어.
Your parents did feel awkward with them.

• 평서문에 조동사 do를 쓰면 동사의 뜻이 더욱더 강조되어 빛이 납니다. 주어와 시제에 맞게 do, does, did를 골라 붙이기만 하면 돼요.

They have become rich in America.

그 사람들은 미국에서 부자가 됐어.

질문하기

장소 말하기

부정하기

시간 말하기

시제 바꾸기

구체화하기

주어 바꾸기

become

되다

become은 '어떠한 상태가 되다'라는 뜻으로 변화의 '과정'을 담고 있어요. '변화하여 이렇게 되었다'는 의미로 주로 쓰니까 현재형으로는 거의 나올 일이 없고 주로 과거형으로 많이 써요. They have become rich. 는 현재완료로 과거에 돈을 벌어 오늘날 부자라는 의미인 반면, They became rich.는 과거에 부자였는데 지금도 부자인지 알 수 없는 거죠. 물론 일상회화에서는 그냥 과거형으로도 써도 지금도 부자라고들 생각하긴 해요. 영어 쓰는 사람들도 우리말 할 때처럼 문법을 크게 신경 안 쓰거든요.

1

주어 바꾸기

나는 더 나은 사람이 된다.
I become a better person.

그녀가 화가 나게 된다.
She becomes angry.

한국은 더 강해진다.
Korea becomes stronger.

그 사람들은 부자가 된다.
They become rich.

>

2

시제 바꾸기

나 개과천선했잖아.
I have become a better person.

그 여자는 열 받았어.
She became angry.

한국이 더 강해졌지.
Korea has become stronger.

그 사람들은 부자가 됐지.
They have become rich.

>

'더 나은 사람이 되다'를
'개과천선하다'로
해석했어요.

3

부정하기

난 개과천선 못 했지.
I have **not** become a better person.

그 여자는 열 안 받았어.
She **didn't** become angry.

한국이 더 강해지진 않았어.
Korea has **not** become stronger.

그 사람들이 부자가 된 건 아니야.
They have **not** become rich.

>

4

질문하기

나 개과천선했나?
Have I become a better person?

그 여자 열 받았어?
Did she become angry?

한국이 더 강해졌어?
Has Korea become stronger?

그 사람들 부자 됐어?
Have they become rich?

>

≫ 넌 더 나은 사람이 된다.   01

그는 화가 나게 된다.   02

중국은 더 강해진다.   03

우리는 부자가 된다.   04

≫ 넌 개과천선했어.   05

그 남자는 열 받았어.   06

중국이 더 강해졌지.   07

우리는 부자가 됐지.   08

≫ 넌 개과천선하지 못했어.   09

그 남자 열 안 받았어.   10

중국이 더 강해지진 않았지.   11

우리는 부자가 된 건 아니야.   12

≫ 너 개과천선했니?   13

그 남자는 열 받았어?   14

중국이 더 강해졌어?   15

우리는 부자가 됐나?   16

5

구체화하기

난 우리 엄마 덕분에 개과천선했어.
I have become a better person thanks to* my mom.

그 여자는 나 때문에 열 받았어.
She became angry because of me.

한국이 경제적으로 더 강해졌지.
Korea has become stronger economically.*

그 사람들은 갑자기 부자가 됐어.
They have become rich all of a sudden.*

>

6

시간 말하기

난 1년 만에 개과천선했잖아.
I have become a better person in one year.

그 여자 어제 열 받았잖아.
She became angry yesterday.

한국은 오늘날 더 강해졌지.
Korea has become stronger today.

그 사람들 지금은 부자 됐지.
They have become rich now.

>

7

장소 말하기

나 집에서 개과천선했어.
I have become a better person at home.

그 여자 회의에서 열 받았잖아.
She became angry at the meeting.

한국이 아시아에서 더 강해졌어.
Korea has become stronger in Asia.

그 사람들은 미국에서 부자가 됐지.
They have become rich in America.

>

WORDS

• thanks to ~의 덕분에
• economically 경제적인 면에서
• all of a sudden 갑자기, 불시에

>> 넌 너희 엄마 덕분에 개과천선했어. 17

>> 그 남자는 나 때문에 열 받았어. 18

중국이 경제적으로 더 강해졌지. 19

우리는 갑자기 부자가 됐어. 20

>> 넌 1년 만에 개과천선했어. 21

그 남자는 어제 열 받았잖아. 22

중국이 오늘날 더 강해졌지. 23

우리 지금은 부자가 됐지. 24

>> 넌 집에서 개과천선했어. 25

그 사람 회의에서 열 받았잖아. 26

중국이 아시아에서 더 강해졌어. 27

우리는 미국에서 부자가 됐지. 28

ANSWERS

주어 01 You become a better person. 02 He becomes angry. 03 China becomes stronger. 04 We become rich. 시제 05 You have become a better person. 06 He became angry. 07 China has become stronger. 08 We have become rich. 부정 09 You have not become a better person. 10 He didn't become angry. 11 China has not become stronger. 12 We have not become rich. 질문 13 Have you become a better person? 14 Did he become angry? 15 Has China become stronger? 16 Have we become rich? 구체화 17 You have become a better person thanks to your mom. 18 He became angry because of me. 19 China has become stronger economically. 20 We have become rich all of a sudden. 시간 21 You have become a better person in one year. 22 He became angry yesterday. 23 China has become stronger today. 24 We have become rich now. 장소 25 You have become a better person at home. 26 He became angry at the meeting. 27 China has become stronger in Asia. 28 We have become rich in America.

앞서 배운 내용을 응용하면 아래처럼 멋지게 말할 수 있게 됩니다. 음원을 듣고 따라 읽어보세요.

관점 말하기

내 관점에서는 우리 엄마 덕분에 내가 개과천선했어.
From my perspective, I have become a better person thanks to my mom.

내 관점에서 보자면, 그 여자는 나 때문에 열 받았어.
From my perspective, she became angry because of me.

내 관점에서는 한국이 경제적으로 더 강해졌다고 봐.
From my perspective, Korea has become stronger economically.

내 관점에서 보자면, 그 사람들은 갑자기 부자가 됐어.
From my perspective, they have become rich all of a sudden.

• perspective 관점, 시각

생각의 이유 묻기

넌 뭐 때문에 우리 엄마 덕에 내가 개과천선했다고 말하는 거야?
What makes you say I have become a better person thanks to my mom?

넌 왜 그 여자가 나 때문에 열 받았다고 하는 거야?
What makes you say she became angry because of me?

넌 뭐 때문에 한국이 경제적으로 더 강해졌다고 말하는 거야?
What makes you say Korea has become stronger economically?

넌 뭐 때문에 그 사람들이 갑자기 부자가 됐다고 하는 거야?
What makes you say they have become rich all of a sudden?

• What makes you say는 직역하면 '무엇이 널 그렇게 말하게 만드냐?'는 말이죠. 즉, '왜 그렇게 생각하냐?'고 상대방의 의견이 나오게 된 이유를 묻는 거예요.

동의 구하기

우리 엄마 덕분에 내가 개과천선했다고 생각 안 해?
Don't you think I have become a better person thanks to my mom?

넌 그 여자가 나 때문에 열 받았다고 생각 안 하니?
Don't you think she became angry because of me?

넌 한국이 경제적으로 더 강해졌다고 생각하지 않아?
Don't you think Korea has become stronger economically?

그 사람들은 갑자기 부자가 됐다고 생각하지 않아?
Don't you think they have become rich all of a sudden?

• Don't you think를 붙이면 '그런 것 같지 않아?'라며 상대방에게 동조해 달라는 뉘앙스를 풍기는 말이 됩니다.

He was jobless.

그 사람은 실업자였어.

질문하기

장소 말하기

부정하기

시간 말하기

시제
바꾸기

구체화하기

주어
바꾸기

be ~이다

be동사는 요긴하게 쓸데가 너무 많아요. 성격이 좋아서 be동사 다음에 형용사를 갖다 붙여도 좋아하고 명사를 갖다 줘도 좋아하고요. 과거형은 주어가 단수면 was이고, you나 복수 주어면 were로 나와야 됩니다. 또 과거분사형 been은 현재완료 쓸 때 꼭 필요해요. have/has been은 과거부터 지금까지 '쭈욱 그래왔다' 혹은 '~해 본 적이 있다'는 뜻이 거든요. 경험을 표현할 때는 ever(한 번도)나 never(절대로)와 함께 쓰면 더 확실해지고요.

1

주어 바꾸기

전 전업주부예요.
I'm a full time mom.

그 아파트는 임대야.
The apartment is for rent.*

그 사람은 실업자야.
He is jobless.*

그 사람들은 결혼했어.
They are married.

2

시제 바꾸기

전 쭉 전업주부였어요.
I've been a full time mom.

그 아파트는 임대로 나올 거야.
The apartment **will be** for rent.

그 사람은 실업자였어.
He **was** jobless.

그 사람들은 결혼할 거야.
They **are going to be** married.

3

부정하기

전 전업주부를 해 본 적이 없어요.
I have **never** been a full time mom.

그 아파트는 임대로 안 나올 거야.
The apartment will **not** be for rent.

그 사람은 실업자가 아니었어.
He was **not** jobless.

그 사람들은 결혼 안 할 거야.
They are **not** going to be married.

4

질문하기

제가 전업주부를 해 봤냐고요?
Have I been a full time mom?

그 아파트는 임대로 나올까?
Will the apartment be for rent?

그 사람은 실업자였어?
Was he jobless?

그 사람들은 결혼할까?
Are they going to be married?

>> 넌 전업주부잖아.   01

그 집은 임대야.   02

그 여자는 실업자야.   03

내 친구들은 결혼했어.   04

>> 넌 쭉 전업주부였잖아.   05

그 집은 임대로 나올 거야.   06

그 여자는 실업자였어.   07

내 친구들은 결혼할 거야.   08

>> 넌 전업주부 해 본 적 없잖아.   09

그 집은 임대로 안 나올 거야.   10

그 여자는 실업자가 아니었어.   11

내 친구들은 결혼 안 할 거야.   12

>> 너 전업주부 해 본 적 있어?   13

그 집이 임대로 나올까?   14

그 여자가 실업자였어?   15

내 친구들이 결혼할까?   16

5

구체화하기

전 우리 애들을 위해 전업주부를 하고 있어요.
I've been a full time mom **for my kids**. >

그 아파트는 1년짜리 임대로 나올 거야.
The apartment will be for rent **for a year**.

그 사람은 희망 없는 실업자였어.
He was jobless **without hope**.

그 사람들은 결혼해서 잘 살 거야.
They are going to be **happily** married.*

6

시간 말하기

전 1년째 전업주부예요.
I've been a full time mom for a year. >

그 아파트는 다음 달에 임대로 나올 거야.
The apartment will be for rent next month.

그 사람은 한동안 실업자였어.
He was jobless for a while.

그 사람들은 이번 가을에 결혼할 거야.
They are going to be married this fall.*

7

장소 말하기

전 여의도에서 쭉 전업주부를 해 왔어요.
I've been a full time mom **in Yeouido**. >

시내에 있는 그 아파트는 임대로 나올 거야.
The apartment **in downtown*** will be for rent.

그 사람은 우리 동네에서 실업자였어.
He was jobless **in our neighborhood**.*

그 사람들은 중국에서 결혼할 거야.
They are going to be married **in China**.

WORDS

* for rent 임대함
* jobless 실업자
* to be happily married 행복한 결혼 생활을 하다
* fall 가을
* downtown 시내에
* neighborhood 근처, 주변 지역, 이웃

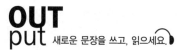
≫ 넌 너희 애들을 위해 전업주부를 해왔잖아.   17

그 집은 1년 임대로 나올 거야.   18

그 여자는 희망 없는 실업자였어.   19

내 친구들은 결혼해서 잘 살 거야.   20

≫ 넌 1년째 전업주부를 해왔잖아.   21

그 집은 다음 달에 임대로 나올 거야.   22

그 여자는 한동안 실업자였어.   23

내 친구들은 이번 가을에 결혼할 거야.   24

≫ 넌 여의도에서 쭉 전업주부를 해 왔잖아.   25

시내에 있는 그 집은 임대로 나올 거야.   26

그 여자는 우리 동네에서 실업자였어.   27

내 친구들은 중국에서 결혼할 거야.   28

ANSWERS

주어 01 You're a full time mom. 02 The house is for rent. 03 She is jobless. 04 My friends are married. 시제 05 You've been a full time mom. 06 The house will be for rent. 07 She was jobless. 08 My friends are going to be married. 부정 09 You have never been a full time mom. 10 The house will not be for rent. 11 She was not jobless. 12 My friends are not going to be married. 질문 13 Have you been a full time mom? 14 Will the house be for rent? 15 Was she jobless? 16 Are your friends going to be married? 구체화 17 You've been a full time mom for your kids. 18 The house will be for rent for a year. 19 She was jobless without hope. 20 My friends are going to be happily married. 시간 21 You've been a full time mom for a year. 22 The house will be for rent next month. 23 She was jobless for a while. 24 My friends are going to be married this fall. 장소 25 You've been a full time mom in Yeouido. 26 The house in downtown will be for rent. 27 She was jobless in our neighborhood. 28 My friends are going to be married in China.

앞서 배운 내용을 응용하면 아래처럼 멋지게 말할 수 있게 됩니다. 음원을 듣고 따라 읽어보세요.

사실 말하기

사실, 전 우리 애들을 위해 전업주부를 하고 있어요.
In fact, I've been a full time mom for my kids.

사실, 그 아파트는 1년짜리 임대로 나올 거야.
In fact, the apartment will be for rent for a year.

실은 그 사람은 희망 없는 실업자였어.
In fact, he was jobless without hope.

실제로는 그 사람들은 결혼해서 잘 살거야.
In fact, they are going to be happily married.

문장 앞에서 꾸미기

최근에 전 우리 애들을 위해 전업주부를 하고 있어요.
Lately, I've been a full time mom for my kids.

분명히 그 아파트는 1년짜리 임대로 나올 거야.
Surely, the apartment will be for rent for a year.

안타깝게도 그 사람은 희망 없는 실업자였어.
Unfortunately, he was jobless without hope.

결국에 그 사람들은 결혼해서 잘 살거야.
Eventually, they are going to be happily married.

기간 묻기

내가 우리 애들을 위해 전업주부를 얼마나 했지?
How long have I been a full time mom for my kids?

얼마 동안이나 그 아파트가 임대로 나올까?
How long will the apartment be for rent?

얼마 동안이나 그 사람은 희망 없는 실업자였어?
How long was he jobless without hope?

그 사람들이 행복한 결혼을 한 지 얼마나 된 거야?
How long have they been happily married?

Does my niece seem strange?

내 조카가 이상한 거 같아?

질문하기

장소 말하기

부정하기

시간 말하기

시제 바꾸기

구체화하기

주어 바꾸기

seem

~한 것 같다

seem은 은근히 까다로운 것 '같아요'. 주어 I(나)하고 seem은 같이 쓰지 마세요. 우리말로는 '나 ~한 거 같아' 이런 말 많이 하지만, I seem은 '나 ~한 걸로 보여'라는 의미라서 자신의 행동을 남이 한 것처럼 말하는 것이니 너~무 이상하게 들립니다. 문법적으로 틀린 건 아니지만 아무도 그렇게 쓰지 않아요. Do I seem...?(내가 ~한 거 같니?)은 말이 되지만 Do you seem...?(너~한 거 같니?)은 또 말이 안 돼요. seem의 경우 시제도 단순 현재나 과거만 씁니다. 그 이외에 진행형이나 현재완료는 쓰지 않으니까 주의하세요!

1

주어 바꾸기

너 기분 나쁜 거 같아.
You seem upset.

내 조카가 이상한 거 같아.
My niece* seems strange.

그 여자는 마른 거 같아.
She seems skinny.*

그 사람들은 게으른 거 같아.
They seem lazy.*

>

2

시제 바꾸기

너 기분 나쁜 거 같았어.
You seemed upset.

내 조카가 이상한 거 같아.
My niece seems strange.

그 여자는 말라 보여.
She seems skinny.

그 사람들은 게을러 보였어.
They seemed lazy.

*seem은 주로 현재,
과거 시제로만 써요.*

>

3

부정하기

넌 기분 나쁜 거 같지 않았어.
You didn't seem upset.

내 조카가 이상한 거 같지 않은데.
My niece doesn't seem strange.

그 여자는 말라 보이지 않아.
She doesn't seem skinny.

그 사람들은 게으른 거 같지 않았는데.
They didn't seem lazy.

>

4

질문하기

나 기분 나빠 보였어?
Did I seem upset?

내 조카가 이상한 거 같아?
Does my niece seem strange?

그 여자가 마른 거 같니?
Does she seem skinny?

그 사람들은 게으른 거 같았어?
Did they seem lazy?

*Did you seem...?이라는
말은 쓰지 않아서 주어를
여기서만 I로 바꿨어요.*

>

≫ 그 여자는 기분 나쁜 거 같아.   01

그건 이상한 거 같아.   02

그 남자는 마른 거 같아.   03

우리는 게으른 거 같아.   04

≫ 그 여자는 기분 나쁜 거 같았어.   05

그건 이상한 것 같아.   06

그 남자는 말라 보여.   07

우리는 게을러 보였어.   08

≫ 그 여자는 기분 나쁜 거 같지 않았어.   09

그건 이상한 거 같지 않은데.   10

그 남자는 말라 보이지 않아.   11

우리가 게으른 거 같지 않았는데.   12

≫ 그 여자는 기분 나빠 보였어?   13

그게 이상한 것 같아?   14

그 남자가 마른 거 같니?   15

우리가 게으른 거 같았어?   16

5

구체화하기

넌 그 여자 때문에 기분 나빠 보였어.
You seemed upset because of her. >

내가 보기에 내 조카는 이상한 거 같아.
My niece seems strange to me.

그 여자는 다이어트 덕분에 마른 거 같아.
She seems skinny thanks to her diet.

그 사람들은 사장이 없을 땐 게을러 보였어.
They seemed lazy without the boss.

6

시간 말하기

너 어제 기분 나쁜 거 같았어.
You seemed upset yesterday. >

내 조카가 최근에 이상한 거 같아.
My niece seems strange lately.

그 여자는 요새 마른 거 같아.
She seems skinny these days.*

그 사람들은 그 당시에는 게을러 보였어.
They seemed lazy at that time.

7

장소 말하기

너 학교에서 기분 나쁜 거 같았어.
You seemed upset at school. >

내 조카는 집에서 이상한 거 같아.
My niece seems strange at home.

그 여자는 TV에서 보면 마른 거 같아.
She seems skinny on TV.

그 사람들은 직장에서 게을러 보였어.
They seemed lazy at work.

WORDS

• niece 여자 조카(nephew 남자 조카)
• skinny 깡마른
• lazy 게으른, 느긋한
• these days 요즘에, 최근에

≫ 그 여자는 그 남자 때문에 기분 나빠 보였어.　17

그 내가 보기에 그건 이상한 거 같아.　18

그 남자는 다이어트 덕분에 마른 거 같아.　19

사장이 없을 때 우리는 게을러 보였어.　20

≫ 그 여자는 어제 기분 나쁜 거 같았어.　21

그거 최근에 이상한 거 같아.　22

그 남자는 요새 마른 거 같아.　23

그 당시에는 우리가 게을러 보였어.　24

≫ 그 여자는 학교에서 기분 나쁜 거 같았어.　25

그건 집에서 이상한 거 같아.　26

그 남자는 TV에서 보면 마른 거 같아.　27

직장에서 우리는 게을러 보였어.　28

ANSWERS

주어 01 She seems upset.　02 It seems strange.　03 He seems skinny.　04 We seem lazy.　시제 05 She seemed upset. 06 It seems strange.　07 He seems skinny.　08 We seemed lazy.　부정 09 She didn't seem upset.　10 It doesn't seem strange.　11 He doesn't seem skinny.　12 We didn't seem lazy.　질문 13 Did she seem upset?　14 Does it seem strange? 15 Does he seem skinny?　16 Did we seem lazy?　구체화 17 She seemed upset because of him.　18 It seems strange to me.　19 He seems skinny thanks to his diet.　20 We seemed lazy without the boss.　시간 21 She seemed upset yesterday. 22 It seems strange lately.　23 He seems skinny these days.　24 We seemed lazy at that time.　장소 25 She seemed upset at school.　26 It seems strange at home.　27 He seems skinny on TV.　28 We seemed lazy at work.

앞서 배운 내용을 응용하면 아래처럼 멋지게 말할 수 있게 됩니다. 음원을 듣고 따라 읽어보세요.

관점 말하기

내가 보니까, 그 여자 때문에 네가 기분 나쁜 거 같던데.
In my observation, you seemed upset because of her.

내가 보기엔 내 조카가 이상한 거 같아.
In my observation, my niece seems strange.

내가 보니까, 그 여자는 다이어트를 해서 마른 거 같아.
In my observation, she seems skinny thanks to her diet.

내가 보니까, 그 사람들은 사장이 없을 때 게으른 거 같았어.
In my observation, they seemed lazy without the boss.

• observation은 '관찰'이라는 뜻이고, in my observation은 숙어로 '내가 이렇게 관찰해 보니'라는 말입니다.

확신하기

물어볼 것도 없이, 너 그 여자 때문에 기분 나빴던 거 같더라.
You seemed upset because of her, without a question.

물어볼 것도 없이, 내가 보기엔 내 조카가 이상한 거 같아.
My niece seems strange to me, without a question.

물어볼 것도 없이, 그 여자는 다이어트를 해서 마른 거 같아.
She seems skinny thanks to her diet, without a question.

물어볼 것도 없이, 그 사람들은 사장이 없을 때 게으른 거 같았어.
They seemed lazy without the boss, without a question.

소문 전하기

너 그 여자 때문에 기분 나빠 보였다고 사람들이 그러더라.
People say you seemed upset because of her.

사람들은 내 조카가 이상한 거 같다고 그러던데.
People say my niece seems strange.

그 여자는 다이어트를 해서 마른 거 같다고 사람들이 그러던데.
People say she seems skinny thanks to her diet.

사람들이 그러는데, 그 사람들은 사장 없을 땐 게을러 보였대.
People say they seemed lazy without the boss.

• people (일반적인 의미의) 사람들

These cookies taste
bitter for some reason.

이 쿠키에서 어쩐지 쓴맛이 나.

질문하기

장소 말하기

부정하기

시간 말하기

시제
바꾸기

구체화하기

주어
바꾸기

taste

맛이 나다

taste는 '맛이 나는' 동사예요. 뒤에 형용사만 갖다 붙이면 쓴맛, 단맛, 세상의 모든 맛을 보여줄 수 있는 동사랍니다. '맛'에 대해서는 taste를 빼놓을 수가 없는데, 사람들이 은근히 잘 못 써먹더라고요. 여기서 확실히 배워둡시다.

1

주어 바꾸기

이거 맛있어.
This tastes good.

생선 맛이 이상해.
The fish tastes funny.*

집밥이 더 맛있어.
Homemade* meals taste better.

이 쿠키에서 쓴맛이 나.
These cookies taste bitter.*

>

2

시제 바꾸기

이거 맛있을 거야.
This is going to taste good.

생선 맛이 이상했어.
The fish tasted funny.

집밥이 더 맛있을 거야.
Homemade meals will taste better.

이 쿠키에서 쓴맛이 나.
These cookies taste bitter.

>

3

부정하기

이거 맛없을 거야.
This isn't going to taste good.

생선 맛은 이상하지 않았어.
The fish didn't taste funny.

집밥이 더 맛있지는 않을 거야.
Homemade meals won't taste better.

이 쿠키에서 쓴맛은 안 나.
These cookies don't taste bitter.

>

4

질문하기

이거 맛있을까?
Is this going to taste good?

생선 맛이 이상했어?
Did the fish taste funny?

집밥이 더 맛있을까?
Will homemade meals taste better?

이 쿠키에서 쓴맛이 나?
Do these cookies taste bitter?

>

≫ 그거 맛있어. 01

바닷가재* 맛이 이상해. (lobster) 02

햄버거가 더 맛있어. 03

이 사탕에서 쓴맛이 나. 04

≫ 그거 맛있을 거야. 05

바닷가재 맛이 이상했어. 06

햄버거가 더 맛있을 거야. 07

이 사탕에서 쓴맛이 나. 08

≫ 그거 맛없을 거야. 09

바닷가재 맛은 이상하지 않았어. 10

햄버거가 더 맛있지는 않을 거야. 11

이 사탕에서 쓴맛은 안 나. 12

≫ 그거 맛있을까? 13

바닷가재 맛이 이상했어? 14

햄버거가 더 맛있을까? 15

이 사탕에서 쓴맛이 나? 16

5

구체화하기

이건 분명히 맛있을 거야.
This is going to taste good **for sure***.

나한테는 생선 맛이 이상했어.
The fish tasted funny **to me**.

실제로는 집밥이 더 맛있을 거야.
Homemade meals will taste better **in reality***.

이 쿠키에서 어쩐지 쓴맛이 나.
These cookies taste bitter **for some reason***.

>

6

시간 말하기

밤에는 이게 맛있을 거야.
This is going to taste good at night.

저녁 먹을 때 생선 맛이 이상했어.
The fish tasted funny at dinner.

대학 때는 집밥이 더 맛있을 거야.
Homemade meals will taste better during college.

이 쿠키는 항상 쓴맛이 나.
These cookies always taste bitter.

>

7

장소 말하기

기차에서는 이게 맛있을 거야.
This is going to taste good on a·train.

파티에서 생선 맛이 이상했어.
The fish tasted funny at the party.

외국에서는 집밥이 더 맛있을 거야.
Homemade meals will taste better in a foreign* country.

제과점에서 산 이 쿠키에서 쓴맛이 나.
These cookies from the bakery taste bitter.

>

WORDS

- funny 웃긴, 괴상한
- homemade 집에서 만든
- bitter 맛이 쓴
- lobster 바닷가재
- for sure 확실히, 틀림없이
- in reality 사실은, 실제로는
- for some reason 어떤 이유인지
- foreign 외국의

≫ 그건 분명히 맛있을 거야.   17

나한테는 바닷가재 맛이 이상했어.   18

실제로는 햄버거가 더 맛있을 거야.   19

이 사탕들은 어쩐지 쓴맛이 나.   20

≫ 밤에는 그게 맛있을 거야.   21

저녁 먹을 때 바닷가재 맛이 이상했어.   22

대학 때는 햄버거가 더 맛있을 거야.   23

이 사탕은 항상 쓴맛이 나.   24

≫ 기차에서는 그게 맛있을 거야.   25

파티에서 바닷가재 맛이 이상했어.   26

외국에서는 햄버거가 더 맛있을 거야.   27

제과점에서 산 이 사탕은 쓴맛이 나.   28

ANSWERS

주어 01 It tastes good. 02 The lobster tastes funny. 03 Hamburgers taste better. 04 These candies taste bitter. 시제 05 It is going to taste good. 06 The lobster tasted funny. 07 Hamburgers will taste better. 08 These candies taste bitter. 부정 09 It isn't going to taste good. 10 The lobster didn't taste funny. 11 Hamburgers won't taste better. 12 These candies don't taste bitter. 질문 13 Is it going to taste good? 14 Did the lobster taste funny? 15 Will hamburgers taste better? 16 Do these candies taste bitter? 구체화 17 It is going to taste good for sure. 18 The lobster tasted funny to me. 19 Hamburgers will taste better in reality. 20 These candies taste bitter for some reason. 시간 21 It is going to taste good at night. 22 The lobster tasted funny at dinner. 23 Hamburgers will taste better during college. 24 These candies always taste bitter. 장소 25 It is going to taste good on a train. 26 The lobster tasted funny at the party. 27 Hamburgers will taste better in a foreign country. 28 These candies from the bakery taste bitter.

앞서 배운 내용을 응용하면 아래처럼 멋지게 말할 수 있게 됩니다. 음원을 듣고 따라 읽어보세요.

이유 묻기

이게 왜 맛있을까?
Why does this taste good**?**

왜 생선 맛이 이상했지?
Why did the fish taste funny**?**

왜 집밥이 더 맛있을까?
Why do homemade meals taste better**?**

이 쿠키에서 왜 쓴맛이 나지?
Why do these cookies taste bitter**?**

장담하기

내가 장담하건대, 이건 분명히 맛있을 거야.
I guarantee this is going to taste good for sure.

내가 장담하는데, 나한테는 생선 맛이 이상했어.
I guarantee the fish tasted funny to me.

내가 장담하건대, 실제로는 집밥이 더 맛있을 거야.
I guarantee homemade meals will taste better in reality.

내가 장담하건대, 이 쿠키에서 어쩐지 쓴맛이 나.
I guarantee these cookies taste bitter for some reason.

의견 말하기

내 의견을 묻는다면, 분명히 이게 맛있을 거야.
This is going to taste good for sure **if you ask me**.

내 의견을 묻는다면, 나는 생선 맛이 이상했어.
The fish tasted funny to me **if you ask me**.

내 의견을 묻는다면, 실제로는 집밥이 더 맛있을 거야.
Homemade meals will taste better in reality **if you ask me**.

내 의견을 묻는다면, 이 쿠키에서 어쩐지 쓴맛이 나.
These cookies taste bitter for some reason **if you ask me**.

The coffee smells fresh.
커피에서 신선한 향이 나네.

질문하기

장소 말하기

부정하기

시간 말하기

시제
바꾸기

구체화하기

주어
바꾸기

smell
냄새가 나다

smell은 This smells.(이거 냄새나.)와 같은 1형식 문장부터 2형식, 3형식, 5형식까지 다양하게 쓸 수 있어요. 몇 형식이든 냄새의 핵심은 좋다, 나쁘다 아니겠어요? 2형식은 냄새를 말해 주는 형용사를 붙여쓰면 됩니다. 단, 어떤 냄새가 난다고 할 때 진행형이 아니라 현재형을 쓴다는 것만 조심하세요.

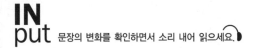

1

주어 바꾸기

너한테서 좋은 냄새가 나.
You smell good.

커피에서 신선한 향이 나네.
The coffee smells fresh.*

네 발에서 냄새나.
Your feet smell bad.

그 사람들 집에서 이상한 냄새가 나.
Their house smells funny.

>

2

시제 바꾸기

너한테서 좋은 냄새가 나.
You smell good.

커피 냄새가 신선하네.
The coffee smells fresh.

네 발에서 냄새날 거야.
Your feet are going to smell bad.

그 사람들 집에서 이상한 냄새가 났어.
Their house smelled funny.

감각 동사는 주로 현재나
과거 시제로 써요.

>

3

부정하기

너한테서 안 좋은 냄새가 나.
You don't smell good.

커피 향이 신선하지 않네.
The coffee doesn't smell fresh.

네 발에서 냄새 안 날 거야.
Your feet aren't going to smell bad.

그 사람들 집에서 이상한 냄새 안 났어.
Their house didn't smell funny.

>

4

질문하기

너한테서 좋은 냄새가 나?
Do you smell good?

커피 향이 신선해?
Does the coffee smell fresh?

네 발에서 냄새날까?
Are your feet going to smell bad?

그 사람들 집에서 이상한 냄새가 났지?
Did their house smell funny?

>

≫ 나한테서 좋은 냄새가 나. 01

이 빵 냄새 좋다. 02

내 발에서 냄새나. 03

그 사람들 차에서 이상한 냄새가 나. 04

≫ 나한테서 좋은 냄새가 나. 05

이 빵 냄새가 좋다. 06

내 발에서 냄새날 거야. 07

그 사람들 집에서 이상한 냄새가 났어. 08

≫ 나한테서 안 좋은 냄새가 나. 09

이 빵 냄새가 안 좋다. 10

내 발에서 냄새 안 날 거야. 11

그 사람들 집에서 이상한 냄새는 안 났어. 12

≫ 나한테서 좋은 냄새가 나? 13

빵 냄새가 신선해? 14

내 발에서 냄새날까? 15

그 사람들 차에서 이상한 냄새가 났지? 16

5

구체화하기

그 향수 쓰니까 너한테서 좋은 냄새가 나.
You smell good in that perfume.

나한테는 커피 향이 신선하네.
The coffee smells fresh to me.

운동하고 나면 네 발에서 냄새날 거야.
Your feet are going to smell bad after exercise.

어쩐지 그 사람들 집에서 이상한 냄새가 났어.
Their house smelled funny for some reason.

>

6

시간 말하기

너한테서 늘 좋은 냄새가 나.
You smell good all the time.

아침에는 커피 냄새가 신선하네.
The coffee smells fresh in the morning.

나중에 네 발에서 냄새날 거야.
Your feet are going to smell bad later.

그 사람들 집에서 내내 이상한 냄새가 났어.
Their house smelled funny the whole* time.

>

7

장소 말하기

회사에서는 너한테 좋은 냄새가 나.
You smell good at work.

그 카페의 커피 냄새는 신선하지.
The coffee smells fresh at the cafe.

그 신발 신으면 네 발에서 냄새가 날 거야.
Your feet are going to smell bad in those shoes.

그 사람들 집 전체에서 이상한 냄새가 났어.
Their house smelled funny everywhere.

>

WORDS

• fresh 신선한, 좋은
• whole 전체의, 모든

OUT
put 새로운 문장을 쓰고, 읽으세요.

>> 그 향수를 쓰면 나한테서 좋은 냄새가 나.   17

나한테는 이 빵 냄새가 좋아.   18

운동하고 나면 내 발에서 냄새날 거야.   19

어쩐지 그 사람들 차에서 이상한 냄새가 났어.   20

>> 나한테서 항상 좋은 냄새가 나.   21

아침에는 그 빵 냄새가 좋아.   22

나중에 내 발에서 냄새날 거야.   23

그 사람들 차에서 내내 이상한 냄새가 났어.   24

>> 회사에서는 나한테서 좋은 냄새가 나.   25

그 카페의 빵 냄새가 좋아.   26

그 신발 신으면 내 발에서 냄새날 거야.   27

그 사람들 차 전체에서 이상한 냄새가 났어.   28

ANSWERS

주어 01 I smell good.　02 This bread smells fresh.　03 My feet smell bad.　04 Their car smells funny.　시제 05 I smell good.　06 This bread smells fresh.　07 My feet are going to smell bad.　08 Their car smelled funny.　부정 09 I don't smell good.　10 This bread doesn't smell fresh.　11 My feet aren't going to smell bad.　12 Their car didn't smell funny.　질문 13 Do I smell good?　14 Does the bread smell fresh?　15 Are my feet going to smell bad?　16 Did their car smell funny?　구체화 17 I smell good in that perfume.　18 This bread smells fresh to me.　19 My feet are going to smell bad after exercise.　20 Their car smelled funny for some reason.　시간 21 I smell good all the time.　22 The bread smells fresh in the morning.　23 My feet are going to smell bad later.　24 Their car smelled funny the whole time.　장소 25 I smell good at work.　26 The bread smells fresh at the cafe.　27 My feet are going to smell bad in those shoes.　28 Their car smelled funny everywhere.

앞서 배운 내용을 응용하면 아래처럼 멋지게 말할 수 있게 됩니다. 음원을 듣고 따라 읽어보세요.

이유 묻기

어쩜 그 향수 네가 쓰니까 좋은 냄새가 나네?
How come you smell good in that perfume?

왜 나한테는 커피 냄새가 신선하지?
How come the coffee smells fresh to me?

왜 운동하고 나면 네 발에서 냄새가 나지?
How come your feet smell bad after exercise?

어째서 그 사람들 집에서는 이상한 냄새가 나지?
How come their house smells funny?

• 문장 앞에 How come을 붙이면 '왜?', '어째서?'와 같은 의문문이 돼요. 영어적인 표현이니 자연스럽게 쓸 수 있게 평소에 연습해두세요.

사실 말하기

네가 그 향수를 쓰니까 좋은 냄새가 나는 건 사실이야.
It's true you smell good in that perfume.

나한테는 커피 냄새가 신선한 게 사실이야.
It's true the coffee smells fresh to me.

사실 운동하고 나면 네 발에서 냄새날 거야.
It's true your feet are going to smell bad after exercise.

어쩐지 그 사람들 집에서 이상한 냄새가 났던 건 사실이야.
It's true their house smelled funny for some reason.

부사로 강조하기

그 향수를 네가 쓰니까 정말 좋은 냄새가 나.
You smell **so** good in that perfume.

나한테는 커피 향이 특히 신선하네.
The coffee smells **particularly*** fresh to me.

운동하고 나면 너한테서 심한 발 냄새가 날 거야.
Your feet are going to smell **really** bad after exercise.

그 사람들 집에서 좀 이상한 냄새가 났어.
Their house smelled **a little bit*** funny.

• particularly 특히, 특별히 a little bit 조금

Does the TV sound loud?
티비 소리가 시끄러워?

질문하기

장소 말하기

부정하기

시간 말하기

시제 바꾸기

구체화하기

주어 바꾸기

sound
~처럼 들리다

sound는 여러 가지 소리를 잘 듣는 동사예요. 뒤에 적절한 형용사만 붙여주면 돼요. 이런 지각동사는 원칙적으로는 진행형으로 쓰지 않습니다.

1

주어 바꾸기

네 기분이 안 좋은 것 같이 들려.
You sound upset.

>

그 노래 듣기 좋네.
The song sounds good.

티비 소리가 시끄러워.
The TV sounds loud.

그 보고는 사실처럼 들려.
The reports sound true.

2

시제 바꾸기

네 기분이 안 좋은 것 같이 들렸어.
You sounded upset.

>

현재 시제를 보여줄
거라서 1공정 주어 바꾸기와
문장이 똑같아요.

그 노래는 좋게 들릴 거야.
The song will sound good.

티비 소리가 시끄러워.
The TV sounds loud.

그 보고는 사실처럼 들렸어.
The reports sounded true.

3

부정하기

네 기분이 안 좋은 것처럼 들리지는 않았어.
You didn't sound upset.

>

그 노래는 듣기 좋지 않을 거야.
The song won't sound good.

티비 소리는 시끄럽지 않아.
The TV doesn't sound loud.

그 보고는 사실처럼 들리지 않았어.
The reports didn't sound true.

4

질문하기

내 기분이 안 좋은 것처럼 들렸어?
Did I sound upset?

>

Did you Sound...?라는
말은 쓰지 않아서 여기서는
주어를 I로 바꿨어요.

그 노래는 듣기 좋을까?
Will the song sound good?

티비 소리가 시끄러워?
Does the TV sound loud?

그 보고는 사실같이 들렸어?
Did the reports sound true?

≫ 그녀는 기분이 안 좋은 것 같이 들려. 01

그 음악은 듣기 좋아. 02

라디오 소리가 시끄러워. 03

그 뉴스는 사실처럼 들려. 04

≫ 그녀는 기분이 안 좋은 것 같이 들렸어. 05

그 음악 듣기 좋을 거야. 06

라디오 소리가 시끄러워. 07

그 뉴스는 사실처럼 들렸어. 08

≫ 그녀는 기분이 안 좋은 것 같이 들리지 않았어. 09

그 음악은 듣기 안 좋을 거야. 10

라디오 소리는 시끄럽지 않아. 11

그 뉴스가 사실처럼 들리지 않았어. 12

≫ 그녀의 기분이 안 좋은 것 같이 들렸어? 13

그 음악이 좋게 들릴까? 14

라디오 소리가 시끄러워? 15

그 뉴스가 사실같이 들렸어? 16

5

구체화하기

전화상으로 네 기분이 안 좋은 것 같이 들렸어.
You sounded upset over* the phone. >

네가 그 노래를 부르면 듣기 좋을 거야.
The song will sound good if you sing.

나한테는 티비 소리가 시끄러워.
The TV sounds loud to me.

대중들한테는 그 보고가 사실같이 들렸던 거지.
The reports sounded true to the public.*

6

시간 말하기

지난밤에 네 기분이 안 좋은 것처럼 들렸어.
You sounded upset last night. >

그 노래는 몇 번 들으면 듣기 좋아질 거야.
The song will sound good after a few times.

아침에는 티비 소리가 시끄러워.
The TV sounds loud in the morning.

처음에는 그 보고가 사실처럼 들렸어.
The reports sounded true at first.

7

장소 말하기

미팅에서 네 기분이 안 좋은 것처럼 들렸어.
You sounded upset at the meeting. >

그 노래는 결혼식에서 듣기 좋을 거야.
The song will sound good at the wedding.

네 방에서 나는 티비 소리가 시끄러워.
The TV sounds loud in your room.

신문에 나온 그 보고는 사실처럼 들렸어.
The reports from the newspaper sounded true.

WORDS
• over ~를 이용해서
• public 일반인, 대중

OUT
put 새로운 문장을 쓰고, 읽으세요.

≫ 전화상으로 그녀는 기분이 안 좋은 것 같이 들렸어. 17

네가 그 음악을 부르면 듣기 좋을 거야. 18

나한테는 라디오 소리가 시끄러워. 19

대중들한테는 그 뉴스가 사실처럼 들렸어. 20

≫ 지난밤에 그녀는 기분이 안 좋은 것 같이 들렸어. 21

그 음악은 몇 번 들으면 듣기 좋아질 거야. 22

아침에는 라디오 소리가 시끄러워. 23

처음에는 그 뉴스들이 사실처럼 들렸어. 24

≫ 미팅에서 그녀의 기분이 안 좋은 것처럼 들렸어. 25

그 음악은 결혼식에서 듣기 좋을 거야. 26

네 방에서 나는 라디오 소리가 시끄러워. 27

신문에 나온 그 뉴스가 사실처럼 들렸어. 28

ANSWERS

주어 01 She sounds upset. 02 The music sounds good. 03 The radio sounds loud. 04 The news sound true. 시제 05 She sounded upset. 06 The music will sound good. 07 The radio sounds loud. 08 The news sounded true. 부정 09 She didn't sound upset. 10 The music won't sound good. 11 The radio doesn't sound loud. 12 The news didn't sound true. 질문 13 Did she sound upset? 14 Will the music sound good? 15 Does the radio sound loud? 16 Did the news sound true? 구체화 17 She sounded upset over the phone. 18 The music will sound good if you sing. 19 The radio sounds loud to me. 20 The news sounded true to the public. 시간 21 She sounded upset last night. 22 The music will sound good after a few times. 23 The radio sounds loud in the morning. 24 The news sounded true at first. 장소 25 She sounded upset at the meeting. 26 The music will sound good at the wedding. 27 The radio sounds loud in your room. 28 The news from the newspaper sounded true.

앞서 배운 내용을 응용하면 아래처럼 멋지게 말할 수 있게 됩니다. 음원을 듣고 따라 읽어보세요.

부사로 꾸미기

전화상으로는 네 기분이 정말 안 좋은 것 같이 들렸어.
You sounded really upset over the phone.

네가 그 노래를 부르면 정말 듣기 좋을 거야.
The song will sound so good if you sing.

확실히 티비 소리가 시끄러워.
The TV definitely sounds loud.

대중들에게 그 보고는 절대적인 사실처럼 들렸어.
The reports sounded absolutely true to the public.

추측하기

전화상으로 네 기분이 안 좋은 것처럼 들렸을지도 몰라.
You might have sounded upset over the phone.

네가 그 노래를 불렀으면 듣기 좋았을지도 모르지.
The song might have sounded good if you sang.

티비 소리가 시끄럽게 들렸을지도 모르지.
The TV might have sounded loud.

대중한테는 그 보고가 사실처럼 들렸을지도 모르지.
The reports might have sounded true to the public.

• might have p.p.는 과거에 대한 추측으로 '~했을지도 모른다'라고 해석해요.

생각 말하기

내 생각에는 전화상으로 네 기분이 안 좋은 것처럼 들렸어.
I think you sounded upset over the phone.

네가 그 노래를 부르면 듣기 좋을 거라고 생각해.
I think the song will sound good if you sing.

난 티비 소리가 시끄럽다고 생각해.
I think the TV sounds loud.

난 대중들한테 그 보고가 사실처럼 들렸다고 생각해.
I think the reports sounded true to the public.

The leaves have turned
yellow on the tree.
나뭇잎이 노랗게 물들었어.

질문하기

장소 말하기

부정하기

시간 말하기

시제
바꾸기

구체화하기

주어
바꾸기

turn
~하게 변하다

동사 turn은 '~해지다'라는 뜻이 있어요. 주어의 상태 변화를 형용사로
표현하는 거죠. 요거 알아두면 아~주 영어 잘하는 사람처럼 들리니 꼭
써먹읍시다!

1

주어 바꾸기

내 얼굴이 빨개지다.
I turn red.*

내(우리) 아들이 여섯 살이 되다.
My son turns six.

네 머리카락이 하얘지다.
Your hair turns grey.*

잎이 노랗게 물들다.
The leaves turn yellow.

>

2

시제 바꾸기

내 얼굴이 빨개졌지 뭐야.
I turned red.

우리 아들은 여섯 살이 될 거야.
My son will turn six.

네 머리카락이 하얘지고 있네.
Your hair is turning grey.

잎이 노랗게 물들었어.
The leaves have turned yellow.

>

3

부정하기

내 얼굴은 빨갛게 되지 않았어.
I didn't turn red.

우리 아들은 여섯 살이 되지 않을 거야.
My son won't turn six.

네 머리카락은 하얗게 변하고 있지 않아.
Your hair isn't turning grey.

잎이 노랗게 물들지 않았어.
The leaves haven't turned yellow.

>

4

질문하기

내 얼굴이 빨개졌어?
Did I turn red?

우리 아들이 여섯 살이 되는 건가?
Will my son turn six?

네 머리카락이 하얘지고 있네?
Is your hair turning grey?

잎이 노랗게 물들었어?
Have the leaves turned yellow?

>

≫ 네 얼굴이 빨개지다. 01

내 여동생이 여섯 살이 되다. 02

그의 머리카락이 하얘지다. 03

꽃이 노랗게 물들다. 04

≫ 네 얼굴이 빨개졌지 뭐야. 05

내 여동생은 여섯 살이 될 거야. 06

그의 머리카락이 하얘지고 있네. 07

꽃이 노랗게 물들었어. 08

≫ 네 얼굴은 빨개지지 않았어. 09

내 여동생은 여섯 살이 되지 않을 거야. 10

그의 머리카락은 하얗게 변하고 있지 않아. 11

꽃이 노랗게 변하지 않았어. 12

≫ 너 얼굴이 빨개졌어? 13

내 여동생이 여섯 살이 되는 건가? 14

그의 머리카락이 하얘지고 있니? 15

꽃이 노랗게 물들었어? 16

5

구체화하기

햇볕에 내 얼굴이 빨개졌지 뭐야.
I turned red in the sun. >

우리 아들은 금방 여섯 살이 될 거야.
My son will turn six pretty* soon.

나이가 드니 네 머리카락이 하얘지고 있네.
Your hair is turning grey with age.

올해는 잎이 노랗게 물들었어.
The leaves have turned yellow this year.

6

시간 말하기

갑자기 내 얼굴이 빨개졌지 뭐야.
I turned red suddenly. >

다음 주에 우리 아들은 여섯 살이 될 거야.
My son will turn six next week.

넌 머리카락이 빨리 하얗게 변하네.
Your hair is turning grey quickly.

이번 주에 잎이 노랗게 물들었어.
The leaves have turned yellow this week.

7

장소 말하기

회의 때 내 얼굴이 빨개졌지 뭐야.
I turned red at the meeting. >

우리 아들은 휴가 중에 여섯 살이 될 거야.
My son will turn six on vacation.

네 뒤쪽 머리카락이 하얘지고 있네.
Your hair is turning grey in the back.

나뭇잎이 노랗게 물들었어.
The leaves have turned yellow on the tree.

WORDS

• turn red 빨개지다
• grey 머리가 희게 센
• pretty 꽤, 어느 정도

>> 햇볕에 네 얼굴이 빨개졌네.   17

금방 내 여동생이 여섯 살이 될 거야.   18

나이가 드니 그의 머리카락이 하얘지고 있네.   19

올해는 꽃이 노랗게 물들었어.   20

>> 갑자기 네 얼굴이 빨개졌지 뭐야.   21

다음주에 내 여동생이 여섯 살이 될 거야.   22

그의 머리카락은 빨리 하얗게 변하고 있어.   23

갑자기 꽃이 노랗게 물들었어.   24

>> 회의 때 네 얼굴이 빨개졌어.   25

내 여동생은 휴가 중에 여섯 살이 될 거야.   26

그의 뒤쪽 머리카락이 하얘지고 있네.   27

나무에 핀 꽃이 노랗게 물들었어.   28

ANSWERS

주어 01 You turn red. 02 My sister turns six. 03 His hair turns grey. 04 The flowers turn yellow. 시제 05 You turned red. 06 My sister will turn six. 07 His hair is turning grey. 08 The flowers have turned yellow. 부정 09 You didn't turn red. 10 My sister won't turn six. 11 His hair isn't turning grey. 12 The flowers haven't turned yellow. 질문 13 Did you turn red? 14 Will my sister turn six? 15 Is his hair turning grey? 16 Have the flowers turned yellow? 구체화 17 You turned red in the sun. 18 My sister will turn six pretty soon. 19 His hair is turning grey with age. 20 The flowers have turned yellow this year. 시간 21 You turned red suddenly. 22 My sister will turn six next week. 23 His hair is turning grey quickly. 24 The flowers have turned yellow suddenly. 장소 25 You turned red at the meeting. 26 My sister will turn six on vacation. 27 His hair is turning grey in the back. 28 The flowers have turned yellow on the tree.

앞서 배운 내용을 응용하면 아래처럼 멋지게 말할 수 있게 됩니다. 음원을 듣고 따라 읽어보세요.

시기 묻기

언제 내 얼굴이 빨개졌어?
When did I turn red?

언제 우리 아들이 여섯 살이 될까?
When will my son turn six?

네 머리카락은 언제 하얘졌어?
When did your hair turn grey?

언제 잎이 노랗게 물들었어?
When have the leaves turned yellow?

갑작스러움 말하기

햇볕에 갑자기 내 얼굴이 빨개졌지 뭐야.
All of a sudden, I turned red in the sun.

어느 순간에 우리 아들은 여섯 살이 될 거야.
All of a sudden, my son will turn six.

나이가 드니 갑자기 네 머리카락이 하얘지고 있네.
All of a sudden, your hair is turning grey with age.

갑자기 잎이 노랗게 물들었어.
All of a sudden, the leaves have turned yellow.

부사로 꾸미기

햇볕에 내 얼굴이 완전히 빨개졌지 뭐야.
I turned completely red in the sun.

우리 아들이 벌써 여섯 살이 될 거라니.
My son will turn six already.

나이가 드니 네 머리카락이 확실히 하얘지고 있네.
Your hair is definitely turning grey with age.

올해는 잎이 정말 노랗게 물들었어.
The leaves have turned really yellow this year.

• 부사를 넣으면 문장의 뜻이 한층 강해져요. 보통은 형용사 앞에 부사를 넣지만 already처럼 문장 끝에 두어야 자연
  스러운 부사도 있고, definitely처럼 동사 앞에서 뜻을 강조하는 부사도 있어요.
• completely 완전히   definitely 분명히

It gets cold.
날이 추워진다.

목적어 바꾸기

질문하기

부정하기

시간 말하기

시제
바꾸기

구체화하기

주어
바꾸기

get ~하게 되다

get은 쓰임이 아주 많은 팔방미인입니다. 뜻이 다양해서 온갖 일을 다 하고 다니거든요. 모든 쓰임새를 한꺼번에 알 수는 없으니 가장 만만한 2형식 형태부터 일단 알아둡시다. 2형식 'get+형용사'는 '~하게 되다' 라는 뜻이에요. 일상회화에서 자주 쓰는 알찬 동사니까 꼭 알아두세요. 과거형은 got, 과거분사형은 gotten이라는 것도 알아두시고요.

1

주어 바꾸기

나는 결혼한다.
I get married.

날이 추워진다.
It gets cold.

내(우리) 아기가 병이 나다.
My baby gets sick.*

그 사람들은 부자가 된다.
They get rich.

>

2

시제 바꾸기

나 결혼해.
I'm getting married.

날이 추워질 거야.
It will get cold.

우리 아기가 아팠어.
My baby got sick.

그 사람들은 부자가 됐어.
They have gotten rich.

>

3

부정하기

난 결혼 안 해.
I'm not getting married.

날이 추워지지 않을 거야.
It won't get cold.

우리 아기는 안 아팠어.
My baby didn't get sick.

그 사람들은 부자가 되지 않았어.
They haven't gotten rich.

>

4

질문하기

나 결혼하는 거야?
Am I getting married?

날이 추워질까?
Will it get cold?

우리 아기가 아팠어?
Did my baby get sick?

그 사람들은 부자가 됐어?
Have they gotten rich?

>

≫ 너는 결혼한다. 01

방이 차가워진다. 02

내 고양이가 병이 나다. 03

우리는 부자가 된다. 04

≫ 넌 결혼하는 거야. 05

방이 차가워질 거야. 06

내 고양이가 아팠어. 07

우리는 부자가 됐어. 08

≫ 넌 결혼 안 하는 거야. 09

방이 차가워지지 않을 거야. 10

내 고양이는 아프지 않았어. 11

우리는 부자가 되지 않았어. 12

≫ 너 결혼하는 거야? 13

방이 차가워질까? 14

내 고양이가 아팠어? 15

우리는 부자가 됐어? 16

5

구체화하기

나 제이하고 결혼해.
I'm getting married to* Jay. >

밤에는 날이 추워질 거야.
It will get cold at night.

음식 때문에 우리 아기가 탈이 났어.
My baby got sick from food.

그 사람들은 운 좋게 부자가 됐어.
They've gotten rich by luck.*

6

시간 말하기

난 가을에 결혼해.
I'm getting married in the fall. >

다음 주에 날이 추워질 거야.
It will get cold next week.

지난밤에 우리 아기가 아팠어.
My baby got sick last night.

그 사람들은 최근에 부자가 됐어.
They've gotten rich recently.

7

장소 말하기

난 교회에서 결혼해.
I'm getting married at a church. >

바깥 날씨가 추워질 거야.
It will get cold outside.

휴가 중에 우리 아기가 아팠어.
My baby got sick during vacation.

그 사람들은 라스베가스에서 부자가 됐어.
They've gotten rich in Las Vegas.

WORDS

• get sick 병에 걸리다
• get married to ~와 결혼하다
• by luck 운 좋게도

≫ 너 제이하고 결혼하는구나. 17

밤에는 방이 차가워질 거야. 18

음식 때문에 내 고양이가 탈이 났어. 19

우리는 운 좋게 부자가 됐어. 20

≫ 넌 가을에 결혼할 거야. 21

다음 주에는 방이 차가워질 거야. 22

지난밤에 내 고양이가 아팠어. 23

우리는 최근에 부자가 됐어. 24

≫ 넌 교회에서 결혼하는구나. 25

뒤쪽에 있는 방은 차가워질 거야. 26

휴가 중에 내 고양이가 아팠어. 27

우리는 라스베가스에서 부자가 됐어. 28

ANSWERS

주어 01 You get married. 02 The room gets cold. 03 My cat gets sick. 04 We get rich. 시제 05 You're getting married. 06 The room will get cold. 07 My cat got sick. 08 We've gotten rich. 부정 09 You're not getting married. 10 The room won't get cold. 11 My cat didn't get sick. 12 We haven't gotten rich. 질문 13 Are you getting married? 14 Will the room get cold? 15 Did my cat get sick? 16 Have we gotten rich? 구체화 17 You're getting married to Jay. 18 The room will get cold at night. 19 My cat got sick from food. 20 We've gotten rich by luck. 시간 21 You're getting married in the fall. 22 The room will get cold next week. 23 My cat got sick last night. 24 We've gotten rich recently. 장소 25 You're getting married at a church. 26 The room in the back will get cold. 27 My cat got sick during vacation. 28 We've gotten rich in Las Vegas.

앞서 배운 내용을 응용하면 아래처럼 멋지게 말할 수 있게 됩니다. 음원을 듣고 따라 읽어보세요.

생각 말하기

내가 제이하고 결혼할 거라고 생각해.
I think I'm getting married to Jay.

내 생각에는 밤에 날씨가 추워질 거야.
I think it will get cold at night.

난 음식 때문에 우리 아기가 탈이 났다고 생각해.
I think my baby got sick from food.

내 생각에 그 사람들은 운 좋게 부자가 됐어.
I think they've gotten rich by luck.

시기 묻기

나 언제 결혼하는 거야?
When am I getting married?

날씨가 언제 추워질까?
When will it get cold?

우리 아기가 언제 아팠어?
When did my baby get sick?

그 사람들은 언제 부자가 됐어?
When have they gotten rich?

추측하기

난 제이하고 결혼할지도 몰라.
I might get married to Jay.

밤에는 날씨가 추워질지도 몰라.
It might get cold at night.

우리 아기는 음식 때문에 탈이 날지도 몰라.
My baby might get sick from food.

그 사람들은 운 좋게 부자가 될지도 몰라.
They might get rich by luck.

• 약한 가능성의 조동사 might를 동사 앞에 넣으면 추측하는 말이 되니까 잘 활용하세요.

주어 + 동사 + 목적어

'주어'는 '목적어'를 '동사'한다

사실 알고 보면 3형식이 가장 만만합니다. 동사 다음에 목적어만 붙이면 되거든요. 참고로 우리말에서 목적어에 항상 '∼을', '∼를'을 붙일 필요는 없습니다. 예를 들어 I have money.를 '나는 돈을 가지고 있다.'라고 해석하면, 국어책 읽는 거 같잖아요. '나 돈 있어.' 이렇게 알아들어야 제 맛이죠. 문장 성분 하나하나의 해석에 집착하면 영어에서 불협화음이 납니다. 그도 그렇게 우리말에 영어가 딱딱 맞아 떨어질 수는 없으니까요. 우리말은 우리말대로 자연스럽게 해석하고, 영어는 영어대로 동사가 원하는 것만 붙여 주세요.

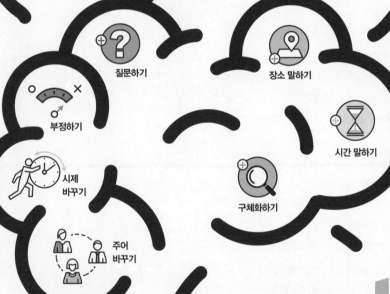

Did they make a fortune?
그 사람들이 떼돈을 벌었어?

질문하기

장소 말하기

부정하기

시간 말하기

시제 바꾸기

구체화하기

주어 바꾸기

make
만들다

make는 돈도 만들고(벌고), 말도 통하게 만들고, 밥도 만들고(짓고) 아주 쓰임이 많아요. make 다음에 어떤 목적어(명사)가 오느냐에 따라 뜻이 달라지거든요. 뭐든 없던 것이 새로 생기면 make가 등장한다고 생각하시면 돼요. 없던 저녁밥이 생기니까 make dinner, 없던 돈이 만들어 지니까 make money가 되는 거죠. 영어로는 다 make지만 찰진 우리말에서는 '(밥을) 짓다' '(돈을) 벌다' 등 상황에 맞게 해석하세요. 얼마나 만능인지 목적어 하나만 붙여도(3형식) 요긴하고, 두 개 붙여도 말이 되고(4형식), 목적어가 하는 짓까지 낱낱이(5형식) 고할 수 있답니다. 여기서는 기본 3형식부터 익히고 갑시다.

1

주어 바꾸기

나는 저녁을 만든다.
I make dinner.

말이 된다.
It makes sense.*

내(우리) 와이프는 돈을 번다.
My wife makes money.

그 사람들은 떼돈을 번다.
They make a fortune.*

>

2

시제 바꾸기

내가 저녁을 만들 거야.
I'm going to make dinner.

말이 되겠지.
It will make sense.

우리 와이프는 돈을 벌고 있었지.
My wife was making money.

그 사람들은 떼돈 벌었어.
They made a fortune.

>

3

부정하기

내가 저녁 안 할 거야.
I'm not going to make dinner.

그게 통하지 않을 거야.
It won't make sense.

우리 와이프는 돈을 안 벌고 있었지.
My wife was not making money.

그 사람들은 떼돈을 벌지는 않았어.
They didn't make a fortune.

>

4

질문하기

내가 저녁 만들까?
Am I going to make dinner?

그게 말이 될까?
Will it make sense?

우리 와이프는 돈 벌고 있었어?
Was my wife making money?

그 사람들이 떼돈을 벌었어?
Did they make a fortune?

>

>> 너는 저녁을 만든다.   01

그 아이디어는 말이 된다.   02

내(우리) 엄마는 돈을 버신다.   03

우리는 떼돈을 번다.   04

>> 너는 저녁을 만들 거야.   05

그 아이디어가 통할 거야.   06

우리 엄마는 돈을 벌고 계셨지.   07

우리는 떼돈을 벌었지.   08

>> 네가 저녁 안 할 거잖아.   09

그 아이디어는 안 통할 거야.   10

우리 엄마는 돈을 안 벌고 계셨지.   11

우리는 떼돈을 벌지는 않았어.   12

>> 네가 저녁 할 거야?   13

그 아이디어가 통할까?   14

우리 엄마는 돈을 벌고 있었나?   15

우리 떼돈 벌었어?   16

5

구체화하기

내가 널 위해서 저녁을 만들게.
I'm going to make dinner for you. >

그건 모두에게 통할 거야.
It will make sense to everyone.

우리 와이프는 돈을 충분히 벌고 있었지.
My wife was making enough money.

그 사람들은 주식을 해서 떼돈 벌었어.
They made a fortune playing the stock market.*

6

시간 말하기

오늘 밤엔 내가 저녁을 만들 거야.
I'm going to make dinner tonight. >

그건 결국엔 통할 거야.
It will make sense eventually.

우리 와이프는 작년에 돈 벌고 있었지.
My wife was making money last year.

그 사람들은 옛날에 떼돈 벌었어.
They made a fortune in the past.*

7

장소 말하기

내가 너희 집에서 저녁 만들어 줄게.
I'm going to make dinner at your place.* >

연습하다 보면 알게 될 거야.
It will make sense during practice.

우리 와이프는 직장에서 돈 벌고 있었지.
My wife was making money at work.

그 사람들은 중국에서 떼돈을 벌었어.
They made a fortune in China.

WORDS

• makes sense 의미가 통하다, 이치에 맞다
• make a fortune 부자가 되다, 재산을 모으다
• stock market 증권 거래업, 주식 시장
• in the past 옛날, 과거에
• someone's place ～의 집

>> 넌 날 위해 저녁을 만들 거야.   17

>> 그 아이디어가 모두에게 통할 거야.   18

>> 내(우리) 엄마는 돈을 충분히 벌고 계셨지.   19

>> 우리는 주식을 해서 떼돈을 벌었어.   20

>> 네가 오늘 저녁을 만들 거야.   21

>> 그 아이디어가 결국에는 통할 거야.   22

>> 우리 엄마는 작년에 돈을 벌고 계셨지.   23

>> 우리는 옛날에 떼돈 벌었지.   24

>> 네가 너희 집에서 저녁을 해 줄 거잖아.   25

>> 연습하다 보면 그 아이디어가 말이 될 거야.   26

>> 우리 엄마는 직장에서 돈을 벌고 계셨지.   27

>> 우리는 중국에서 떼돈을 벌었어.   28

ANSWERS

주어 01 You make dinner. 02 The idea makes sense. 03 My mom makes money. 04 We make a fortune. 시제 05 You're going to make dinner. 06 The idea will make sense. 07 My mom was making money. 08 We made a fortune. 부정 09 You're not going to make dinner. 10 The idea will not make sense. 11 My mom was not making money. 12 We didn't make a fortune. 질문 13 Are you going to make dinner? 14 Will the idea make sense? 15 Was my mom making money? 16 Did we make a fortune? 구체화 17 You're going to make dinner for me. 18 The idea will make sense to everyone. 19 My mom was making enough money. 20 We made a fortune playing the stock market. 시간 21 You're going to make dinner tonight. 22 The idea will make sense eventually. 23 My mom was making money last year. 24 We made a fortune in the past. 장소 25 You're going to make dinner at your place. 26 The idea will make sense during practice. 27 My mom was making money at work. 28 We made a fortune in China.

확신하기

확실한 건, 내가 널 위해 저녁을 만들 거라는 거지.
I'm sure I'm going to make dinner for you.

내가 확신하건대, 그건 모두에게 통할 거야.
I'm sure it will make sense to everyone.

우리 와이프가 돈을 충분히 벌고 있었다는 건 확실해.
I'm sure my wife was making enough money.

확실한 건, 그 사람들이 주식을 해서 떼돈을 벌었다는 거야.
I'm sure they made a fortune playing the stock market.

아쉬움 말하기

내가 널 위해 저녁 만들 수도 있었는데.
I **could have made** dinner for you.

그게 모두에게 통할 수 있었는데.
It **could have made** sense to everyone.

우리 와이프가 돈을 충분히 벌 수도 있었는데.
My wife **could have made** enough money.

그 사람들은 주식을 해서 떼돈을 벌 수도 있었어.
They **could have made** a fortune playing the stock market.

• could have made는 과거에 '그렇게 할 수도 있었는데' 못해서 아쉽다는 뉘앙스를 전달합니다.

방법 묻기

내가 어떻게 널 위해 저녁을 만든다는 거지?
How am I going to make dinner for you?

그게 어떻게 모두에게 통하겠어?
How will it make sense to everyone?

우리 와이프는 어떻게 돈을 충분히 벌고 있었던 거지?
How was my wife making enough money?

그 사람들은 어떻게 주식을 해서 떼돈을 벌었던 거야?
How did they make a fortune playing the stock market?

I'll take the responsibility
for it.
그건 내가 책임질게.

질문하기

장소 말하기

부정하기

시간 말하기

시제
바꾸기

구체화하기

주어
바꾸기

take

가져가다

take는 뜻이 너무 많지만, '가져가다'는 뜻이 기본입니다. 시간, 돈을 가져가고, 사람을 데려가고, 교통수단, 약을 취하기도 하고요. 이 많은 뜻을 한 번에 외울 순 없고, 외워도 분명 까먹으니 일단 take에 대한 감만 익히세요. 시제도 다양하게 쓸 수 있는데, 다만 그 변화하는 모습에 주의하세요. take-took-taken 이런 식으로 나옵니다.

1

주어 바꾸기

내가 책임진다.
I take the responsibility.*

누군가 그걸 가져간다.
Somebody takes it.

학교가 비난을 받는다.
The school takes the blame.*

그 사람들이 돈을 가져간다.
They take money.

>

2

시제 바꾸기

내가 책임질게.
I'll take the responsibility.

누군가 그걸 가져갔어.
Somebody **took** it.

학교 측이 비난받고 있어.
The school **is taking** the blame.

그 사람들이 그 돈을 가져간 거지.
They **have taken** the money.

>

3

부정하기

내가 책임지지 않을 거야.
I **won't** take the responsibility.

누군가 그걸 가져가지 않았어.
Somebody **didn't** take it.

학교 측은 비난을 거부하고 있어.
The school is **not** taking the blame.

그 사람들은 그 돈을 가져가지 않았어.
They have **not** taken the money.

> 비난을 취하지 않다
> = 비난을 거부하다
> 자연스럽게 해석하세요.

4

질문하기

내가 책임지는 거야?
Will I take the responsibility?

누군가 그걸 가져갔어?
Did somebody take it?

학교 측이 비난받고 있어?
Is the school taking the blame?

그 사람들이 그 돈을 가져간 거야?
Have they taken the money?

> 문장의 뜻은 어색하지만,
> 기본 문장을 의문문으로
> 바꾸는 연습을 해 보세요.

≫ 네가 책임진다.   01

내 동료*가 그걸 가져간다. (coworker)   02

회사가 비난을 받는다.   03

우리가 돈을 가져간다.   04

≫ 네가 책임질 거야.   05

내 동료가 그걸 가져갔어.   06

회사 측이 비난받고 있어.   07

우리가 그 돈을 가져갔지.   08

≫ 네가 책임 안 질 거야.   09

내 동료는 그걸 가져가지 않았어.   10

회사 측은 비난을 거부하고 있어.   11

우리는 그 돈을 가져가지 않았어.   12

≫ 네가 책임지는 거야?   13

내 동료가 그걸 가져갔어?   14

회사 측이 비난받고 있어?   15

우리가 그 돈을 가져간 거야?   16

5

구체화하기

그건 내가 책임질게.
I'll take the responsibility **for it.**

누군가 나 몰래 그걸 가져갔어.
Somebody took it **behind my back.***

학교 측이 미디어로부터 비난받고 있어.
The school is taking the blame **from the media.**

그 사람들이 불법으로 그 돈을 가져간 거지.
They have taken the money **illegally.***

6

시간 말하기

지금부터는 내가 책임질게.
I'll take the responsibility from now on.

오늘 아침에 누군가 그걸 가져갔어.
Somebody took it this morning.

지금으로선 학교 측이 비난받고 있어.
The school is taking the blame for now.

1월부터 그 사람들이 그 돈을 가져간 거지.
They have taken the money since January.

7

장소 말하기

우리 부서에서는 내가 책임질게.
I'll take the responsibility in our department.

누군가 복사실에서 그걸 가져갔어.
Somebody took it from the copy room.

인터넷에서는 학교 측이 비난받고 있어.
The school is taking the blame on the internet.

그 사람들이 학교에서 그 돈을 가져갔지.
They have taken the money from the school.

WORDS

* responsibility 책임
* blame 책임, 탓
* coworker 동료
* behind somebody's back 누구의 뒤에서, 누구 모르게
* illegally 불법적으로

≫ 네가 그거에 대해서는 책임질 거야.   17

내 동료가 나 몰래 그걸 가져갔어.   18

회사 측이 미디어로부터 비난받고 있어.   19

우리가 불법으로 그 돈을 가져간 거지.   20

≫ 지금부터는 네가 책임지는 거야.   21

내 동료가 오늘 아침에 그걸 가져갔어.   22

지금으로선 회사 측이 비난받고 있어.   23

우리는 1월부터 그 돈을 가져갔어.   24

≫ 우리 부서에서는 네가 책임질 거야.   25

내 동료가 복사실에서 그걸 가져갔어.   26

회사 측이 인터넷에서 비난받고 있어.   27

우리가 학교로부터 그 돈을 가져갔지.   28

ANSWERS

주어 01 You take the responsibility. 02 My coworker takes it. 03 The company takes the blame. 04 We take money.
시제 05 You'll take the responsibility. 06 My coworker took it. 07 The company is taking the blame. 08 We have taken the money. 부정 09 You won't take the responsibility. 10 My coworker didn't take it. 11 The company is not taking the blame. 12 We have not taken the money. 질문 13 Will you take the responsibility? 14 Did my coworker take it?
15 Is the company taking the blame? 16 Have we taken the money? 구체화 17 You'll take the responsibility for it. 18 My coworker took it behind my back. 19 The company is taking the blame from the media. 20 We have taken the money illegally. 시간 21 You'll take the responsibility from now on. 22 My coworker took it this morning. 23 The company is taking the blame for now. 24 We have taken the money since January. 장소 25 You'll take the responsibility in our department. 26 My coworker took it from the copy room. 27 The company is taking the blame on the internet.
28 We have taken the money from the school.

앞서 배운 내용을 응용하면 아래처럼 멋지게 말할 수 있게 됩니다. 음원을 듣고 따라 읽어보세요.

생각의 이유 묻기

넌 왜 내가 그것에 대한 책임을 질 거라고 생각하니?
Why do you think I'll take the responsibility for it?

넌 왜 누군가 나 몰래 그걸 가져갔다고 생각해?
Why do you think somebody took it behind my back?

당신은 왜 학교 측이 미디어로부터 비난받고 있다고 생각합니까?
Why do you think the school is taking the blame
from the media?

넌 그 사람들이 왜 불법으로 그 돈을 가져갔다고 생각하니?
Why do you think they have taken the money illegally?

후회하기

그건 내가 책임지지 말았어야 했는데.
I **shouldn't have taken** the responsibility for it.

누군가 나 몰래 그걸 가져가지 말았어야 했어.
Somebody **shouldn't have taken** it behind my back.

학교 측이 미디어로부터 비난받지 않았어야 했어요.
The school **shouldn't have taken** the blame from the media.

그 사람들이 불법으로 그 돈을 가져가지 말았어야 했는데.
They **shouldn't have taken** the money illegally.

• shouldn't have p.p.는 '~하지 말았어야 했는데'라는 뜻으로 과거에 한 일에 대한 유감이나 후회를 나타내는 말이에요.

확신하기

그건 내가 틀림없이 책임질게.
I'll take the responsibility for it, **without a doubt.**

누군가 나 몰래 그걸 가져간 게 틀림없어.
Somebody took it behind my back, **without a doubt.**

학교 측이 미디어로부터 비난을 받고 있는 건 의심할 여지가 없어.
The school is taking the blame from the media,
without a doubt.

한 치의 의심 없이 그 사람들은 불법으로 그 돈을 가져간 거야.
They have taken the money illegally, **without a doubt.**

**This house has
three bedrooms upstairs.**
이 집은 2층에 침실이 3개야.

질문하기

목적어 바꾸기

부정하기

장소 말하기

시제
바꾸기

구체화하기

주어
바꾸기

have
가지다

have는 쓰임새가 많아서 헷갈리기 쉬워요. 일단 우리말로 해석을 잘해
야 합니다. '가지고 있다'뿐 아니라 우리말에서 '~가 있다'라는 말도 영
어로 have일 때가 많아요. 물건뿐 아니라 생각이나 시간에 관한 상황도
have와 잘 어울리니 have에 대한 고정관념을 버리고 영어다운 문장을
써 보세요. have가 '가지다'일 때는 진행형으로 못 쓰지만 다른 뜻일 때
는 진행형이 가능하다는 것도 알아 두세요.

1

주어 바꾸기

난 회의감이 들어.
I have doubts.*

우리 가족은 문제가 있어.
My family has a problem.*

이 집은 침실이 3개야.
This house has three bedrooms.

너희 아이들은 좋은 시간을 보낸다.
Your children have a good time.

2

시제 바꾸기

난 회의감이 들었어.
I had doubts.

우리 가족은 어려움을 겪고 있어.
My family is having a problem.

이 집은 침실이 3개야.
This house has three bedrooms.

너희 아이들은 좋은 시간을 보낼 거야.
Your children will have a good time.

3

부정하기

난 회의감이 들지 않았어.
I didn't have doubts.

우리 가족은 어려움을 겪고 있지 않아.
My family is not having a problem.

이 집은 침실이 3개가 아니야.
This house doesn't have three bedrooms.

너희 아이들은 좋은 시간을 보내지 않을 거야.
Your children will not have a good time.

4

질문하기

내가 회의감이 들었나?
Did I have doubts?

우리 가족이 어려움을 겪고 있어?
Is my family having a problem?

이 집은 침실이 3개야?
Does this house have three bedrooms?

너희 아이들은 좋은 시간을 보낼까?
Will your children have a good time?

≫ 너 회의감이 드는구나. 01

우리 회사는 문제가 있어. (company) 02

이 아파트는 침실이 3개야. 03

너희 강아지들은 좋은 시간을 보낸다. 04

≫ 너 회의감이 들었구나. 05

우리 회사는 어려움을 겪고 있어. 06

이 아파트는 침실이 3개야. 07

너희 강아지들은 좋은 시간을 보낼 거야. 08

≫ 넌 회의감이 들지 않았어. 09

우리 회사는 어려움을 겪고 있지 않아. 10

이 아파트는 침실이 3개가 아니야. 11

너희 강아지들은 좋은 시간을 보내지 않을 거야. 12

≫ 너 회의감이 들었니? 13

우리 회사가 어려움을 겪고 있어? 14

이 아파트는 침실이 3개야? 15

너희 강아지들은 좋은 시간을 보낼까? 16

IN put

IN put

문장의 변화를 확인하면서 소리 내어 읽으세요.

IN put

文장의 변화를 확인하면서 소리 내어 읽으세요.

IN put

IN put

문장의 변화를 확인하면서 소리 내어 읽으세요.

IN put

IN put

IN put

문장의 변화를 확인하면서 소리 내어 읽으세요.

보고 읽기 ☑ ☐ ☐

5 구체화하기

내 커리어에 대해서 회의감이 들었어.
I had doubts **about my career**.

우리 가족은 심각한 어려움을 겪고 있어.
My family is having a **serious** problem.

> 영어는 한 문장에서 동의어 반복이 되는 걸 좋아하지 않아요. 그래서 '아이들'이라는 단어를 다르게 썼어요.

이 집은 큰 침실이 3개야.
This house has three **big** bedrooms.

너희 아이들은 우리 애들하고 좋은 시간을 보낼 거야.
Your children will have a good time **with my kids**.

6 장소 말하기

난 직장에서 회의감이 들었어.
I had doubts **at work**.

우리 가족은 공항에서 어려움을 겪고 있어.
My family is having a problem **at the airport**.

이 집은 2층에 침실이 3개야.
This house has three bedrooms **upstairs**.*

너희 아이들은 거기서 좋은 시간을 보낼 거야.
Your children will have a good time **there**.

7 목적어 바꾸기

나 아이디어가 떠올랐어.
I had **an idea**.

우리 가족이 어려움을 겪고 있어.
My family is having **difficulty**.*

이 집은 화장실이 2개야.
This house has **two bathrooms**.

너희 아이들은 좋은 하루를 보낼 거야.
Your children will have **a nice day**.

WORDS

- doubt 의심, 회의감
- have a problem 문제가 있다, 어려움을 겪다
- have difficulty 곤란을 느끼다, 어려움을 겪다
- upstairs 위층에, 2층에

156

>> 너 네 커리어에 대해서 회의감이 들었구나. 17

우리 회사는 심각한 어려움을 겪고 있어. 18

이 아파트는 큰 침실이 3개야. 19

너희 강아지들 우리 애들하고 좋은 시간을 보낼 거야. 20

>> 너 직장에서 회의감이 들었구나. 21

우리 회사가 공항에서 어려움을 겪고 있어. 22

이 아파트는 2층에 침실이 3개야. 23

너희 강아지들 거기서 좋은 시간을 보낼 거야. 24

>> 너 아이디어가 떠올랐구나. 25

우리 회사는 어려움을 겪고 있어. 26

이 아파트는 화장실이 2개야. 27

너희 강아지들은 좋은 하루를 보낼 거야. 28

ANSWERS

주어 01 You have doubts. 02 Our company has a problem. 03 This apartment has three bedrooms. 04 Your dogs three have a good time. 시제 05 You had doubts. 06 Our company is having a problem. 07 This apartment has three bedrooms. 08 Your dogs will have a good time. 부정 09 You didn't have doubts. 10 Our company is not having a problem. 11 This apartment doesn't have three bedrooms. 12 Your dogs will not have a good time. 질문 13 Did you have doubts? 14 Is our company having a problem? 15 Does this apartment have three bedrooms? 16 Will your dogs have a good time? 구체화 17 You had doubts about your career. 18 Our company is having a serious problem. 19 This apartment has three big bedrooms. 20 Your dogs will have a good time with my kids. 장소 21 You had doubts at work. 22 Our company is having a problem at the airport. 23 This apartment has three bedrooms upstairs. 24 Your dogs will have a good time there. 목적어 25 You had an idea. 26 Our company is having difficulty. 27 This apartment has two bathrooms. 28 Your dogs will have a nice day.

아는 것 확인하기

너도 봐서 알겠지만, 내 커리어에 대해서 회의감이 들었어.
As you can see, I had doubts about my career.

보시다시피, 우리 가족은 심각한 어려움을 겪고 있어요.
As you can see, my family is having a serious problem.

보시는 것처럼, 이 집은 큰 침실이 3개예요.
As you can see, this house has three big bedrooms.

봐서 알겠지만, 너희 애들은 우리 애들하고 좋은 시간을 보낼 거야.
As you can see, your children will have a good time with my kids.

• as ~처럼, ~같이

이유 묻기

어떻게 내 커리어에 대한 회의감을 갖게 됐지?
How come I had doubts about my career?

왜 우리 가족은 심각한 문제가 있는 걸까?
How come my family is having a serious problem?

어찌된 게 이 집은 큰 침실이 3개야?
How come this house has three big bedrooms?

어떻게 너희 애들과 우리 애들이 좋은 시간을 보냈지?
How come your children had a good time with my kids?

• How come에서 how는 방법을 묻는 말이 아니고, '어떻게 그렇게 됐지?'하는 뉘앙스의 '왜?'에 가까운 뜻이에요.
'How come=Why' 한 덩어리로 봐 주세요.

더 구체적으로 말하기

한동안 내 커리어에 대해서 회의감이 들었어.
I had doubts about my career for a while.

우리 가족은 요새 심각한 어려움을 겪고 있어.
My family is having a serious problem these days.

이 집은 2층에 큰 침실이 3개야.
This house has three big bedrooms upstairs.

너희 애들은 우리 애들하고 오늘 오후에 좋은 시간을 보낼 거야.
Your children will have a good time with my kids this afternoon.

They're getting a divorce
next month.
그 사람들은 다음 달에 이혼할 거야.

질문하기

목적어 바꾸기

부정하기

시간 말하기

시제
바꾸기

구체화하기

주어
바꾸기

get 얻다

get이 3형식에 또 나오죠? 안 끼는 데가 없지만, get이 목적어를 하나
취할 때는 기본적으로 '얻다'라고 생각하시면 간단해요. make처럼 없
던 걸 새로 만드는 건 아니고, 밖에 있던 게 주어에게 들어오는 거죠. 감
기(cold)를 얻고, 메시지도 얻고, 이혼(divorce)도 얻게 되고 다 주어가 얻는
(get) 거예요. 관용적인 표현이 많아서 get이 들어간 숙어를 통째로 외우
는 게 가장 좋긴 합니다. get을 쓰고 우리말로는 문맥에 따라 다르게 해
석할 수 있거든요. 개떡같이 말해도 찰떡같이 알아듣는다는 말도 있잖
아요. 참고로 진행형을 만들 때 get은 짧은 음절 동사라 t를 한 번 더 써
서 getting으로 변하는 것에 주의하세요.

1

주어 바꾸기

너 감기 걸린다.
You get a cold.*

학생들이 알아듣지.
Students get it.*

그의 비서가 메시지를 받아.
His secretary gets the message.

그 사람들은 이혼한다.
They get a divorce.*

>

2

시제 바꾸기

너 감기 걸린 거야.
You've got a cold.

학생들이 알아들을 거야.
Students will get it.

그의 비서가 메시지를 받았어.
His secretary got the message.

그 사람들은 이혼 수속 중이야.
They're getting a divorce.

>

'이혼 중이다'는 어색하니까
자연스럽게 해석하세요.

3

부정하기

넌 감기 걸린 거 아니야.
You haven't got a cold.

학생들이 못 알아들을 거야.
Students will **not** get it.

그의 비서는 메시지를 받지 못했어.
His secretary didn't get the message.

그 사람들은 이혼 안 할 거야.
They're not getting a divorce.

>

4

질문하기

너 감기 걸렸니?
Have you got a cold?

학생들이 알아들을까?
Will students get it?

그의 비서가 메시지를 받았어?
Did his secretary get the message?

그 사람들은 이혼하는 거야?
Are they getting a divorce?

>

≫ 나는 감기 걸린다. 01

내(우리) 애들이 알아듣지. 02

그의 조수가 메시지를 받아. (assistant) 03

우리는 이혼한다. 04

≫ 나 감기 걸렸어. 05

우리 애들이 알아들을 거야. 06

그의 조수가 메시지를 받았어. 07

우리는 이혼 수속 중이야. 08

≫ 난 감기 안 걸렸어. 09

우리 애들은 이해를 못 할 거야. 10

그의 조수는 메시지를 전달 받지 못했어. 11

우리는 이혼 안 할 거야. 12

≫ 나 감기 걸렸나? 13

우리 애들이 알아들을까? 14

그의 조수가 메시지를 받았어? 15

우리 이혼하는 거야? 16

5

구체화하기

넌 날씨 때문에 감기 걸린 거야.
You've got a cold because of the weather.

학생들이 각자 능력에 따라 알아들을 거야.
Students will get it according to their abilities*.

그의 비서가 미팅에 관한 메시지를 전달받았어.
His secretary got the message about the meeting.

그 사람들은 결혼 10년 만에 이혼을 진행 중이야.
They're getting a divorce after 10 years of marriage.

>

6

시간 말하기

넌 한여름에 감기 걸렸구나.
You've got a cold in the middle of* the summer.

학생들이 끝에 가서는 알아들을 거야.
Students will get it at the end.

그의 비서가 일주일 전에 메시지를 전달받았어.
His secretary got the message a week ago.

그 사람들은 다음 달에 이혼할 거야.
They're getting a divorce next month.

>

7

목적어 바꾸기

너 두통이 생겼구나.
You've got a headache*.

학생들이 요점을 알아들을 거야.
Students will get the point.

그의 비서가 이메일을 받았어.
His secretary got the email.

그 사람들은 결혼 상담을 받을 거야.
They're getting marriage counseling.

>

WORDS

* get a cold 감기에 걸리다
* get it 이해하다
* divorce 이혼
* assistant 조수
* ability 능력
* in the middle of ~의 도중에, 중간에
* headache 두통

>> 난 날씨 때문에 감기 걸렸어.   17

내(우리) 애들이 각자 능력에 맞게 알아들을 거야.   18

그의 조수가 미팅에 관한 메시지를 전달받았어.   19

우리는 결혼 10년 만에 이혼 수속 중이야.   20

>> 난 한여름에 감기 걸렸어.   21

우리 애들이 끝에 가서는 알아들을 거야.   22

그의 조수가 일주일 전에 메시지를 전달받았어.   23

우리는 다음 달에 이혼할 거야.   24

>> 나 두통이 생겼어.   25

우리 애들이 요점을 이해할 거야.   26

그의 조수가 이메일을 받았어.   27

우리는 결혼 상담을 받을 거야.   28

ANSWERS

주어 01 I get a cold. 02 My kids get it. 03 His assistant gets the message. 04 We get a divorce. 시제 05 I've got a cold. 06 My kids will get it. 07 His assistant got the message. 08 We're getting a divorce. 부정 09 I've not got a cold. 10 My kids will not get it. 11 His assistant didn't get the message. 12 We're not getting a divorce. 질문 13 Have I got a cold? 14 Will my kids get it? 15 Did his assistant get the message? 16 Are we getting a divorce? 구체화 17 I've got a cold because of the weather. 18 My kids will get it according to their abilities. 19 His assistant got the message about the meeting. 20 We're getting a divorce after 10 years of marriage. 시간 21 I've got a cold in the middle of the summer. 22 My kids will get it at the end. 23 His assistant got the message a week ago. 24 We're getting a divorce next month. 목적어 25 I've got a headache. 26 My kids will get the point. 27 His assistant got the email. 28 We're getting marriage counseling.

앞서 배운 내용을 응용하면 아래처럼 멋지게 말할 수 있게 됩니다. 음원을 듣고 따라 읽어보세요.

형용사로 꾸미기

날씨가 난리여서 네가 감기 걸린 거야.
You've got a cold because of the lousy* weather.

똑똑한 학생들은 각자 능력에 따라 알아들을 거야.
Smart students will get it according to their abilities.

그의 비서가 다가올 미팅에 관한 메시지를 전달받았어.
His secretary got the message about the upcoming* meeting.

그 사람들은 힘든 결혼 생활 10년 만에 이혼을 진행 중이야.
They're getting a divorce after 10 years of bad marriage.

• 형용사는 오로지 명사 앞에만 붙인다는 거 기억하세요.
• lousy 엉망인 upcoming 다가오는, 곧 있을

생각 묻기

날씨 때문에 네가 감기에 걸린 거라고 생각해?
Do you believe you've got a cold because of the weather?

학생들이 각자 능력에 따라 알아들을 거라고 믿니?
Do you believe students will get it according to their abilities?

그의 비서가 미팅에 관한 메시지 전달받았을 거라고 생각해?
Do you believe his secretary got the message about the meeting?

그 사람들이 결혼 10년 만에 이혼할 거라고 생각해?
Do you believe they will get a divorce after 10 years of marriage?

• Do you believe의 해석은 상대방의 생각을 묻는다는 점에서는 Do you think와 별 차이가 없어요. believe라는
  단어 때문에 해석을 달리하려고 노력하지 않아도 괜찮습니다.

생각 말하기

난 네가 날씨 때문에 감기 걸렸다고 생각해.
In my opinion, you've got a cold because of the weather.

내 생각에는, 학생들이 각자 능력에 따라 알아들을 거야.
In my opinion, students will get it according to their abilities.

내 생각에는, 그의 비서가 미팅에 관한 메시지를 전달받았어.
In my opinion, his secretary got the message about the meeting.

내 생각에는, 그 사람들은 결혼 10년 만에 이혼 수속 중이야.
In my opinion, they're getting a divorce
after 10 years of marriage.

• opinion 의견, 견해, 생각

My husband did the dishes for a change.
우리 남편이 웬일로 설거지를 다 했어.

질문하기

목적어 바꾸기

부정하기

시간 말하기

시제 바꾸기

구체화하기

주어 바꾸기

do 하다

do는 한마디로 별것 다 하는 동사예요. 일반적으로 '하다'란 뜻으로 쓰지만, 조동사여서 다른 동사들의 부정문이나 의문문 만드는 것도 도와주거든요. 그래서 한 문장에 do가 두 번 나올 때도 있으니 당황하지 마세요. do one's homework(숙제를 하다), do one's best(최선을 다하다)라는 표현을 쓸 때는 목적어 앞의 주어에 알맞은 소유격 형용사(his, her, my, their, our)가 따라붙는 것에 주의하세요. 누구의 숙제를 한 건지 누구의 최선인지는 알고 말해야 하지 않겠어요?

1

주어 바꾸기

넌 네 일을 해.
You do your job.

그 여자의 남자 친구는 최선을 다해.
Her boyfriend does his best.*

내(우리) 남편이 설거지를 한다.
My husband does the dishes.*

걔네들은 숙제를 한다.
They do their homework.

>

2

시제 바꾸기

넌 네 일을 다 한 거야.
You've done your job.

그 여자의 남자 친구는 최선을 다하고 있는 거야.
Her boyfriend is doing his best.

우리 남편이 설거지를 했어.
My husband did the dishes.

걔네들은 숙제를 하고 있었어.
They were doing their homework.

>

3

부정하기

넌 네 일을 다 안 한 거야.
You haven't done your job.

그 여자의 남자 친구는 최선을 다하지 않고 있어.
Her boyfriend is not doing his best.

우리 남편이 설거지를 안 했어.
My husband did not do the dishes.

걔네들은 숙제를 안 하고 있었어.
They were not doing their homework.

>

4

질문하기

넌 네 일을 다 한 거야?
Have you done your job?

그 여자의 남자 친구는 최선을 다하고 있는 거야?
Is her boyfriend doing his best?

우리 남편이 설거지를 했어?
Did my husband do the dishes?

걔네들은 숙제를 하고 있었어?
Were they doing their homework?

>

≫ 난 내 일을 한다.   01

그 남자의 여자 친구는 최선을 다한다.   02

내(우리) 아들이 설거지를 한다.   03

우리는 숙제를 한다.   04

≫ 난 내 일을 다 해왔어.   05

그 남자의 여자 친구는 최선을 다하고 있는 거야.   06

우리 아들이 설거지를 했어.   07

우리는 숙제를 하고 있었어.   08

≫ 난 내 일을 다 안 했어.   09

그 남자의 여자 친구는 최선을 다하지 않고 있어.   10

우리 아들이 설거지를 안 했어.   11

우리는 숙제를 안 하고 있었어.   12

≫ 난 내 일을 다 했나?   13

그 남자의 여자 친구는 최선을 다하고 있는 거야?   14

우리 아들이 설거지를 했어?   15

우리가 숙제를 하고 있었나?   16

5

구체화하기

> 넌 회사를 위해 네 일을 다 한 거야.
> You've done your job for the company.

> 그 여자의 남자 친구는 그 여자를 위해 최선을 다하고 있는 거야.
> Her boyfriend is doing his best for her.

> 우리 남편이 웬일로 설거지를 다 했어.
> My husband did the dishes for a change.*

> 걔네들은 난장판을 해놓고 숙제를 하고 있었어.
> They were doing their homework in a mess.*

6

시간 말하기

> 넌 처음부터 네 일을 다 한 거야.
> You've done your job from the beginning.*

> 그 여자의 남자 친구는 미래를 위해 최선을 다하고 있는 거야.
> Her boyfriend is doing his best for the future.

> 우리 남편이 오늘 아침에 설거지를 했어.
> My husband did the dishes this morning.

> 걔네들은 학교에 갔다 오자마자 숙제를 하고 있었어.
> They were doing their homework right after school.

7

목적어 바꾸기

> 넌 네 역할을 다 했어.
> You've done your part.*

> 그 여자의 남자 친구는 자기 일을 하고 있어.
> Her boyfriend is doing his work.

> 우리 남편이 빨래를 했어.
> My husband did the laundry.*

> 걔네들은 집안일을 하고 있었어.
> They were doing their chores.*

WORDS

- do the best 최선을 다하다
- do the dishes 설거지를 하다
- for a change 여느 때와 달리, 가끔
- in a mess 어질러져서
- from the beginning 처음부터, 시작부터
- part 역할, 배역
- do the laundry 빨래를 하다
- chores 잡일, 허드렛일

>> 난 회사를 위해 내 일을 다 해왔어. 17

그 남자의 여자 친구는 그 남자를 위해 최선을 다하고 있는 거야. 18

내(우리) 아들이 웬일로 설거지를 했어. 19

우리는 난장판을 해놓고 숙제를 하고 있었어. 20

>> 난 처음부터 내 일을 다 해왔어. 21

그 남자의 여자 친구는 미래를 위해 최선을 다하고 있는 거야. 22

우리 아들이 오늘 아침에 설거지를 했어. 23

우리는 학교에 갔다 오자마자 숙제를 하고 있었어. 24

>> 난 내 역할을 다 했어. 25

그 남자의 여자 친구는 자기 일을 하고 있는 거야. 26

우리 아들이 빨래를 했어. 27

우리는 집안일을 하고 있었어. 28

ANSWERS

주어 01 I do my job. 02 His girlfriend does her best. 03 My son does the dishes. 04 We do our homework. 시제 05 I've done my job. 06 His girlfriend is doing her best. 07 My son did the dishes. 08 We were doing our homework. 부정 09 I haven't done my job. 10 His girlfriend is not doing her best. 11 My son did not do the dishes. 12 We were not doing our homework. 질문 13 Have I done my job? 14 Is his girlfriend doing her best? 15 Did my son do the dishes? 16 Were we doing our homework? 구체화 17 I've done my job for the company. 18 His girlfriend is doing her best for him. 19 My son did the dishes for a change. 20 We were doing our homework in a mess. 시간 21 I've done my job from the beginning. 22 His girlfriend is doing her best for the future. 23 My son did the dishes this morning. 24 We were doing our homework right after school. 목적어 25 I've done my part. 26 His girlfriend is doing her work. 27 My son did the laundry. 28 We were doing our chores.

앞서 배운 내용을 응용하면 아래처럼 멋지게 말할 수 있게 됩니다. 음원을 듣고 따라 읽어보세요.

놀라움 전하기1

네가 회사를 위해 그 일을 해냈다는 것에 놀랐어.
To my surprise, you've done it for the company.

놀랍게도, 그 여자의 남자 친구는 그 여자를 위해 최선을 다하고 있는 거야.
To my surprise, her boyfriend is doing his best for her.

놀랍게도, 우리 남편이 웬일로 설거지를 다 했어.
To my surprise, my husband did the dishes for a change.

놀랍게도, 걔네들은 난장판 속에서 숙제를 하고 있었어.
To my surprise, they were doing their homework in a mess.

놀라움 전하기2

네가 회사를 위해 네 일을 다 했다는 게 믿어지냐?
Can you believe you've done your job for the company?

그 여자의 남자 친구가 그 여자를 위해 최선을 다하고 있다는 게 믿어져?
Can you believe her boyfriend is doing his best for her?

우리 남편이 웬일로 설거지를 했다는 게 믿어져?
Can you believe my husband did the dishes for a change?

걔네들이 난장판 속에서 숙제를 하고 있다는 걸 믿을 수 있어?
Can you believe they were doing their homework in a mess?

• Can you believe는 '넌 ~하는 게 믿어지냐?'는 해석처럼 놀란 자신의 감정을 나타내는 표현이에요.

강조하기

넌 진짜 회사를 위해 네 일을 다 했구나.
You've really done your job for the company.

그 여자의 남자 친구는 그 여자를 위해 정말 최선을 다하고 있어.
Her boyfriend is really doing his best for her.

웬일로 우리 남편이 정말 설거지를 했어.
My husband really did the dishes for a change.

걔네들 난장판 속에서 진짜로 숙제를 하고 있었어.
They were really doing their homework in a mess.

We spent a few hours
for nothing.
우리는 쓸데없이 몇 시간을 썼지.

질문하기

장소 말하기

부정하기

시간 말하기

시제
바꾸기

구체화하기

주어
바꾸기

spend
쓰다

spend는 시간과 돈을 쓰는데 꼭 필요한 동사예요. spend를 모르면 세
상에서 가장 귀한 돈도 시간도 못 쓰거든요. 또 에너지나 재능처럼 눈에
보이지 않는 귀한 자질을 쓸 때도 spend로 말합니다. 과거형이나 과거
분사형이 spent로 끝자리만 바뀌는 것도 알아 두세요.

1

주어 바꾸기

난 내 에너지를 쓴다.
I spend my energy.

피트가 돈을 쓴다.
Pete spends money.

우리 가족이 시간을 보낸다.
Our family spends time.

우리가 몇 시간을 보낸다.
We spend a few hours.*

2

시제 바꾸기

난 내 에너지를 쓸 거야.
I'm going to spend my energy.

피트는 돈을 쓰고 있어.
Pete's spending money.

우리 가족은 시간을 보낼 거야.
Our family will spend time.

우리가 몇 시간을 썼지.
We spent a few hours.

3

부정하기

난 내 에너지를 쓰지는 않을 거야.
I'm not going to spend my energy.

피트는 돈을 쓰고 있지 않아.
Pete isn't spending money.

우리 가족은 시간을 보내지 않을 거야.
Our family won't spend time.

우리가 몇 시간을 쓴 건 아니지.
We didn't spend a few hours.

4

질문하기

내가 내 에너지를 쓸까?
Am I going to spend my energy?

피트가 돈을 쓰는 중이야?
Is Pete spending money?

우리 가족이 시간을 보낼까?
Will our family spend time?

우리가 몇 시간을 보냈던가?
Did we spend a few hours?

> 문장의 뜻은 어색하지만,
> 기본 문장을 의문문으로
> 바꾸는 연습을 해 보세요.

≫ 넌 너의 에너지를 쓴다. 01

팸이 돈을 쓴다. (Pam) 02

너희 가족이 시간을 보낸다. 03

그들이 몇 시간을 보낸다. 04

≫ 넌 너의 에너지를 쓸 거야. 05

팸은 돈을 쓰고 있어. 06

너희 가족은 시간을 보낼 거야. 07

그 사람들은 몇 시간을 썼지. 08

≫ 넌 너의 에너지를 쓰지는 않을 거야. 09

팸이 돈을 쓰고 있지 않아. 10

너희 가족은 시간을 보내지 않을 거야. 11

그 사람들이 몇 시간을 쓴 건 아니지. 12

≫ 넌 네 에너지를 쓸 거야? 13

팸이 돈을 쓰는 중이야? 14

너희 가족이 시간을 보낼까? 15

그 사람들은 몇 시간을 보냈어? 16

5

구체화하기

그 사람한테 내 에너지를 쏟을 거야.
I'm going to spend my energy on him.

피트가 차에 돈을 쏟아붓고 있어.
Pete's spending money on his car.

우리 가족은 함께 시간을 보낼 거야.
Our family will spend time together.

우리는 쓸데없이 몇 시간을 썼지.
We spent a few hours for nothing.*

>

6

시간 말하기

한 시간 동안 내 에너지를 쏟을 거야.
I'm going to spend my energy for one hour.

피트가 일시적으로 돈을 쓰는 중이야.
Pete's spending money temporarily.*

우리 가족은 한동안 시간을 보낼 거야.
Our family will spend time for a while.

우리는 지난밤에 몇 시간을 보냈지.
We spent a few hours last night.

>

7

장소 말하기

난 내 에너지를 집에 쏟을 거야.
I'm going to spend my energy on the house.

피트가 나한테 돈을 쓰고 있어.
Pete's spending money on me.

우리 가족은 집에서 시간을 보낼 거야.
Our family will spend time at home.

우리는 차 안에서 몇 시간을 보냈어.
We spent a few hours in the car.

>

WORDS

• a few 어느 정도, 조금
• for nothing 헛되이, 공짜로
• temporarily 일시적으로, 임시적으로

≫ 넌 그 사람한테 너의 에너지를 쏟을 거야. 17

팸이 차에 돈을 쏟아붓고 있어. 18

너희 가족이 함께 시간을 보낼 거야. 19

그 사람들은 쓸데없이 몇 시간을 보냈지. 20

≫ 한 시간 동안 너의 에너지를 쏟을 거야. 21

팸이 일시적으로 돈을 쓰는 중이야. 22

너희 가족은 한동안 시간을 보낼 거야. 23

그 사람들은 지난밤에 몇 시간을 보냈지. 24

≫ 넌 너의 에너지를 집에 쏟을 거야. 25

팸이 나한테 돈을 쓰고 있어. 26

너희 가족은 집에서 시간을 보낼 거야. 27

그 사람들은 차 안에서 몇 시간을 보냈어. 28

ANSWERS

주어 01 You spend your energy. 02 Pam spends money. 03 Your family spends time. 04 They spend a few hours. 시제 05 You are going to spend your energy. 06 Pam's spending money. 07 Your family will spend time. 08 They spent a few hours. 부정 09 You're not going to spend your energy. 10 Pam isn't spending money. 11 Your family won't spend time. 12 They didn't spend a few hours. 질문 13 Are you going to spend your energy? 14 Is Pam spending money? 15 Will your family spend time? 16 Did they spend a few hours? 구체화 17 You're going to spend your energy on him. 18 Pam is spending money on her car. 19 Your family will spend time together. 20 They spent a few hours for nothing. 시간 21 You are going to spend your energy for one hour. 22 Pam's spending money temporarily. 23 Your family will spend time for a while. 24 They spent a few hours last night. 장소 25 You are going to spend your energy on the house. 26 Pam's spending money on me. 27 Your family will spend time at home. 28 They spent a few hours in the car.

의사 말하기1

난 그 사람한테 내 에너지를 쏟아부을 용의가 있어.
I'm willing to spend my energy on him.

피트는 차에다 돈을 쏟아부을 의사가 있어.
Pete's willing to spend money on his car.

우리 가족은 함께 시간을 보낼 의사가 있어.
Our family is willing to spend time together.

우린 몇 시간을 보낼 용의가 있어.
We are willing to spend a few hours.

의사 말하기2

난 그 사람한테 내 에너지를 쏟고 싶어.
I want to spend my energy on him.

피트가 차에다 돈을 쓰고 싶어 해.
Pete wants to spend money on his car.

우리 가족은 함께 시간을 보내고 싶어 해.
Our family wants to spend time together.

우린 차에서 몇 시간을 보내고 싶어.
We want to spend a few hours in the car.

권유하기

내가 그 사람한테 내 에너지를 쏟아부으면 어떨까?
Why don't I spend my energy on him?

피트는 왜 차에 돈을 쓰지 않는 거지?
Why doesn't Pete spend money on his car?

우리 가족은 왜 함께 시간을 보내지 않을까?
Why doesn't our family spend time together?

우리 차에서 몇 시간 보내는 게 어때?
Why don't we spend a few hours in the car?

I want coffee in the morning.
난 아침에 커피를 원해.

질문하기

장소 말하기

부정하기

시간 말하기

시제 바꾸기

구체화하기

주어 바꾸기

want
원하다

want는 그 뜻처럼 원하는 게 많지만 진행형 시제는 원하지 않는다는 거 기억하세요. '원하다'는 뜻 자체에 미래의 의미가 포함되어 있기 때문이죠. 또 I want라고 했을 때 자칫 상대방에 뭔가 요구하는 말처럼 들릴 수 있으니 조심하세요. I want를 쓰면 안 될 상황이면 좀 더 정중한 표현인 I'd like to로 대체하세요.

IN put 문장의 변화를 확인하면서 소리 내어 읽으세요.

1

주어 바꾸기

난 커피로 할래.
I want coffee.

타미가 가고 싶어 해.
Tommy wants to go.

우리 개는 과자를 원해.
My dog wants a treat.*

그 사람들은 돈을 바라네.
They want money.

2

시제 바꾸기

난 커피로 할래.
I want coffee.

타미가 가고 싶어할 거야.
Tommy will want to go.

우리 개는 과자를 원할 거야.
My dog is going to want a treat.

그 사람들은 돈을 바랐던 거야.
They wanted money.

현재 시제를 보여줄
거라서 1공정 주어 바꾸기와
문장이 똑같아요.

3

부정하기

난 커피 생각 없어.
I don't want coffee.

타미는 가고 싶어하지 않을 거야.
Tommy won't want to go.

우리 개는 과자를 원하지 않을 거야.
My dog isn't going to want a treat.

그 사람들은 돈을 바라지 않았어.
They didn't want money.

4

?

질문하기

내가 커피를 원하나?
Do I want coffee?

타미가 가고 싶어 할까?
Will Tommy want to go?

우리 개가 과자를 원할까?
Is my dog going to want a treat?

그 사람들은 돈을 바랐던 거야?
Did they want money?

문장의 뜻은 어색하지만,
기본 문장을 의문문으로
바꾸는 연습을 해 보세요.

≫ 넌 커피를 원하잖아.   01

탐이 가고 싶어해. (Tom)   02

내(우리) 고양이가 과자를 원해.   03

우리는 돈을 바란다.   04

≫ 넌 커피를 원하잖아.   05

탐이 가고 싶어할 거야.   06

우리 고양이는 과자를 원할 거야.   07

우리는 돈을 원했어.   08

≫ 넌 커피를 원하지 않잖아.   09

탐은 안 가고 싶어할 거야.   10

우리 고양이는 과자를 원하지 않을 거야.   11

우리는 돈을 바랐던 게 아냐.   12

≫ 너 커피 마실래?   13

탐이 가고 싶어할까?   14

우리 고양이가 과자를 원할까?   15

우리가 돈을 바랐던가?   16

5

구체화하기

난 아침에 커피를 원해.
I want coffee in the morning.

타미는 재미로 가고 싶어할 거야.
Tommy will want to go for fun.

우리 개는 산책 후에 과자를 원할 거야.
My dog is going to want a treat after walking.[*]

그 사람들은 보상으로 돈을 바랐던 거야.
They wanted money as a reward.[*]

>

6

시간 말하기

나 지금 커피 마실래.
I want coffee now.

타미는 나중에 가고 싶어할 거야.
Tommy will want to go later.

우리 개는 나중에 과자를 원할 거야.
My dog is going to want a treat afterwards.[*]

그 사람들은 그 당시에 돈을 바랐던 거야.
They wanted money at that time.

>

7

장소 말하기

난 자판기 커피로 할래.
I want coffee from the vending machine.[*]

타미가 그 장소에 가고 싶어할 거야.
Tommy will want to go to that spot.

우리 개는 공원에서 과자를 원할 거야.
My dog is going to want a treat in the park.

그 사람들은 협상하는 동안 돈을 바랐어.
They wanted money during the negotiation.[*]

>

WORDS

* treat 대접, 특별한 것
* walking 걷기, 산책
* reward 보상
* afterwards 나중에
* vending machine 자판기
* negotiation 협상, 합의

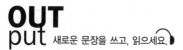
≫ 넌 아침에 커피를 원하지.   17

탐은 재미로 가고 싶어할 거야.   18

내(우리) 고양이는 산책 후에 과자를 원할 거야.   19

우리는 보상으로 돈을 원했어.   20

≫ 넌 지금 커피를 원하잖아.   21

탐은 나중에 가고 싶어할 거야.   22

나중에 우리 고양이가 과자를 원할 거야.   23

우리는 그 당시에 돈을 바랐던 거야.   24

≫ 넌 자판기 커피를 원하잖아.   25

탐은 그 장소에 가고 싶어할 거야.   26

공원에서 우리 고양이가 과자를 원할 거야.   27

우리는 협상하는 동안 돈을 원했어.   28

ANSWERS

주어 01 You want coffee. 02 Tom wants to go. 03 My cat wants a treat. 04 We want money. 시제 05 You want coffee. 06 Tom will want to go. 07 My cat is going to want a treat. 08 We wanted money. 부정 09 You don't want coffee. 10 Tom won't want to go. 11 My cat isn't going to want a treat. 12 We didn't want money. 질문 13 Do you want coffee? 14 Will Tom want to go? 15 Is my cat going to want a treat? 16 Did we want money? 구체화 17 You want coffee in the morning. 18 Tom will want to go for fun. 19 My cat is going to want a treat after walking. 20 We wanted money as a reward. 시간 21 You want coffee now. 22 Tom will want to go later. 23 My cat is going to want a treat afterwards. 24 We wanted money at that time. 장소 25 You want coffee from the vending machine. 26 Tom will want to go to that spot. 27 My cat is going to want a treat in the park. 28 We wanted money during the negotiation.

앞서 배운 내용을 응용하면 아래처럼 멋지게 말할 수 있게 됩니다. 음원을 듣고 따라 읽어보세요.

아는지 물어보기

내가 아침에 커피를 원하는 거 너 몰랐어?
Didn't you know I want coffee in the morning?

타미가 재미로 가고 싶어 할 거라는 걸 너 몰랐어?
Didn't you know Tommy will want to go for fun?

우리 개가 산책 후에 과자를 원할 거라는 걸 몰랐어?
Didn't you know my dog is going to want a treat after walking?

그 사람들이 보상으로 돈을 원했다는 걸 넌 몰랐어?
Didn't you know they wanted money as a reward?

• Didn't you know는 '~라는 거 몰랐어?'라는 뜻으로 상대방을 약간 핀잔하는 뉘앙스가 있어요.

원하는 것 묻기

내가 아침에 뭘 원하지?
What do I want in the morning?

타미가 재미로 뭘 원하지?
What does Tommy want for fun?

우리 개가 산책 후에 뭘 원하지?
What does my dog want after walking?

그 사람들은 보상으로 뭘 원했어?
What did they want as a reward?

강조하기

난 아침에 커피를 간절히 원해.
I **desperately** want coffee in the morning.

타미가 재미를 위해 꼭 가고 싶어할 거야.
Tommy will **desperately** want to go for fun.

우리 개는 산책 후에 과자를 간절히 원할 거야.
My dog is going to **desperately** want a treat after walking.

그 사람들은 보상으로 돈을 간절히 바랐어.
They **desperately** wanted money as a reward.

• desperately 몹시, 지독하게, 필사적으로

The candidate will lose the election.
그 후보자가 선거에서 질 거야.

질문하기

장소 말하기

부정하기

시간 말하기

시제 바꾸기

구체화하기

주어 바꾸기

lose 잃다

lose는 '지다', '잃다'라는 뜻인데 기본적으로 뭔가를 '잃다'라고 생각하면 쉽습니다. 진다는 것도 승리를 잃어버리는 거라고 말할 수 있으니까요.

1

주어 바꾸기

내가 이성을 잃다.
I lose my temper.*

그 선생이 자신감을 잃다.
The teacher loses confidence.*

그 후보자가 선거에서 지다.
The candidate loses the election.*

그들이 경기에서 지다.
They lose the game.

2

시제 바꾸기

나는 이성을 잃었어.
I lost my temper.

그 선생이 자신감을 잃고 있어.
The teacher is losing his confidence.

그 후보자가 선거에서 질 거야.
The candidate will lose the election.

걔네들이 경기에서 졌어.
They've lost the game.

3

부정하기

난 이성을 잃지 않았어.
I didn't lose my temper.

그 선생은 자신감을 잃지 않고 있어.
The teacher isn't losing his confidence.

그 후보자는 선거에서 지지 않을 거야.
The candidate won't lose the election.

걔네들은 경기에서 안 졌어.
They haven't lost the game.

4

질문하기

내가 이성을 잃었었나?
Did I lose my temper?

그 선생은 자신감을 잃고 있어?
Is the teacher losing his confidence?

그 후보자가 선거에서 질까?
Will the candidate lose the election?

걔네들이 경기에서 졌어?
Have they lost the game?

≫　너는 이성을 잃다.　01

그 교수*가 자신감을 잃다. (professor)　02

그 정치인*이 선거에서 지다. (politician)　03

우리가 경기에서 지다.　04

≫　너는 이성을 잃었어.　05

그 교수는 자신감을 잃고 있어.　06

그 정치인이 선거에서 질 거야.　07

우리가 경기에서 졌어.　08

≫　넌 이성을 잃지 않았어.　09

그 교수는 자신감을 잃지 않고 있어.　10

그 정치인은 선거에서 지지 않을 거야.　11

우리는 경기에서 안 졌어.　12

≫　너 이성을 잃었었어?　13

그 교수가 자신감을 잃고 있어?　14

그 정치인이 선거에서 질까?　15

우리가 경기에서 졌어?　16

5

구체화하기

그 여자 때문에 내가 이성을 잃었지.
I lost my temper because of her.   >

그 선생은 학생들 앞에서 자신감을 잃고 있어.
The teacher is losing his confidence in front of* the students.

결국에는 그 후보자가 선거에서 질 거야.
The candidate will lose the election eventually.

예상을 뒤엎고 그들이 경기에서 졌어.
They've lost the game unexpectedly.*

6

시간 말하기

난 순간적으로 이성을 잃었어.
I lost my temper for a moment.*   >

그 선생은 일시적으로 자신감을 잃고 있어.
The teacher is losing his confidence temporarily.

결국에는 그 후보자가 선거에서 질 거야.
The candidate will lose the election at the end.*

방금 걔네들이 경기에서 졌어.
They've lost the game just now.*

7

장소 말하기

난 직장에서 이성을 잃었어.
I lost my temper at work.   >

그 선생은 교실에서 자신감을 잃고 있어.
The teacher is losing his confidence in the classroom.

그 후보자는 아이오와 주의 선거에서 질 거야.
The candidate will lose the election in Iowa.

걔네들은 최종 경기에서 졌어.
They've lost the game in the final match.*

WORDS

- temper 성질, 성격
- confidence 신뢰, 자신감
- candidate 입후보자
- election 선거
- professor 교수
- politician 정치인

- in front of ~의 앞에
- unexpectedly 뜻밖에, 예상외로
- for a moment 잠시 동안
- at the end 결국에는
- just now 방금, 바로 지금
- match 경기, 시합

≫ 그 여자 때문에 네가 이성을 잃었지. 17

그 교수는 학생들 앞에서 자신감을 잃고 있어. 18

결국에는 그 정치인이 선거에서 질 거야. 19

예상을 뒤엎고 우리가 경기에서 졌어. 20

≫ 넌 순간적으로 이성을 잃었어. 21

그 교수는 일시적으로 자신감을 잃고 있어. 22

결국에는 그 정치인이 선거에서 질 거야. 23

방금 우리가 경기에서 졌어. 24

≫ 넌 직장에서 이성을 잃었어. 25

그 교수는 교실에서 자신감을 잃고 있어. 26

그 정치인은 아이오와 주의 선거에서 질 거야. 27

우리가 최종 경기에서 졌어. 28

ANSWERS

주어 01 You lose your temper. 02 The professor loses confidence. 03 The politician loses the election. 04 We lose the game. 시제 05 You lost your temper. 06 The professor is losing his confidence. 07 The politician will lose the election. 08 We've lost the game. 부정 09 You didn't lose your temper. 10 The professor isn't losing his confidence. 11 The politician won't lose the election. 12 We haven't lost the game. 질문 13 Did you lose your temper? 14 Is the professor losing his confidence? 15 Will the politician lose the election? 16 Have we lost the game? 구체화 17 You lost your temper because of her. 18 The professor is losing his confidence in front of the students. 19 The politician will lose the election eventually. 20 We've lost the game unexpectedly. 시간 21 You lost your temper for a moment. 22 The professor is losing his confidence temporarily. 23 The politician will lose the election at the end. 24 We've lost the game just now. 장소 25 You lost your temper at work. 26 The professor is losing his confidence in the classroom. 27 The politician will lose the election in Iowa. 28 We've lost the game in the final match.

앞서 배운 내용을 응용하면 아래처럼 멋지게 말할 수 있게 됩니다. 음원을 듣고 따라 읽어보세요.

놀라움 말하기

놀랍게도 그 여자 때문에 내가 이성을 잃었지.
To my surprise, I lost my temper because of her.

놀랍게도 그 선생은 학생들 앞에서 자신감을 잃었어.
To my surprise, the teacher lost his confidence in front of the students.

놀랍게도 그 후보자가 선거에서 졌어.
To my surprise, the candidate lost the election.

놀랍게도 걔네들이 경기에서 졌어.
To my surprise, they've lost the game.

추측하기

그 여자 때문에 내가 이성을 잃을지도 몰라.
I might lose my temper because of her.

그 선생은 학생들 앞에서 자신감을 잃을지도 몰라.
The teacher might lose his confidence in front of the students.

결국에는 그 후보자가 선거에서 질지도 몰라.
The candidate might lose the election eventually.

예상을 뒤엎고 걔네들은 경기에서 질지도 몰라.
They might lose the game unexpectedly.

후회하기

난 그 여자 때문에 이성을 잃지 말았어야 했어.
I shouldn't have lost my temper because of her.

그 선생은 학생들 앞에서 자신감을 잃지 말았어야 했어.
The teacher shouldn't have lost his confidence in front of the students.

그 후보자는 선거에서 지면 안 됐어.
The candidate shouldn't have lost the election.

걔네들은 경기에서 지지 말았어야 했어.
They shouldn't have lost the game.

They have broken the law for sure.

그들은 확실히 법을 어겼어.

질문하기

장소 말하기

부정하기

시간 말하기

시제 바꾸기

구체화하기

주어 바꾸기

break

부수다

break는 모든 걸 깨고 부수는 파괴력이 있는 동사죠. 과거(broke)나 현재 완료(have broken) 시제일 때도 그 모습이 변하니 살살 달래가며 써야 해요. 물리적으로만 부수는 게 아니라 사람의 마음도 찢어놓고 규칙이나 법을 어기기도 하니 우리네 사는 얘기할 때 단골로 끼는 동사랍니다.

1

주어 바꾸기

내가 유리창을 깬다.
I break the window.

그 학생이 규칙을 어긴다.
The student breaks the rules.

그 남자가 네 마음을 찢어놓는다.
That man breaks your heart.

그들이 법을 어긴다.
They break the law.

\>

2

시제 바꾸기

내가 유리창을 깼어.
I broke the window.

그 학생이 규칙을 어길 거야.
The student will break the rules.

그 남자는 네 마음을 찢어놓을 거야.
That man is going to break your heart.

그들이 법을 어겼어.
They have broken the law.

\>

3

부정하기

난 유리창을 깨지 않았어.
I didn't break the window.

그 학생은 규칙을 어기지 않을 거야.
The student won't break the rules.

그 남자는 네 마음을 아프게 하지 않을 거야.
That man isn't going to break your heart.

그들은 법을 어기지 않았어.
They haven't broken the law.

\>

4

질문하기

내가 유리창을 깼어?
Did I break the window?

그 학생이 규칙을 어길까?
Will the student break the rules?

그 남자가 네 마음을 찢어놓을까?
Is that man going to break your heart?

그들이 법을 어긴 거야?
Have they broken the law?

\>

≫ 너는 유리창을 깬다. 01

그 소년이 규칙을 어긴다. 02

그 여자가 내 마음을 찢어놓는다. 03

우리가 법을 어긴다. 04

≫ 네가 유리창을 깼어. 05

그 소년이 규칙을 어길 거야. 06

그 여자는 내 마음을 찢어놓을 거야. 07

우리가 법을 어겼어. 08

≫ 너는 유리창을 깨지 않았어. 09

그 소년은 규칙을 어기지 않을 거야. 10

그 여자는 내 마음을 찢어놓지 않을 거야. 11

우리는 법을 어기지 않았어. 12

≫ 네가 유리창을 깼어? 13

그 소년이 규칙을 어길까? 14

그 여자는 내 마음을 찢어놓을까? 15

우리가 법을 어긴 거야? 16

5

구체화하기

내가 실수로 유리창을 깼어.
I broke the window **by accident.***

그 학생은 너무 쉽게 규칙을 어길 거야.
The student will break the rules **so easily.**

틀림없이 그 남자는 네 마음을 찢어놓을 거야.
That man is going to break your heart **no matter what.***

그들은 확실히 법을 어겼어.
They have broken the law **for sure.**

6

시간 말하기

오늘 아침에 내가 유리창을 깼어.
I broke the window **this morning.**

머지않아 그 학생은 규칙을 어길 거야.
The student will break the rules **soon enough.***

그 남자는 조만간 네 마음을 찢어놓을 거야.
That man is going to break your heart **in the near future.**

그들은 최근에 법을 어겼어.
They have broken the law **recently.**

7

장소 말하기

난 차에 있는 유리창을 깼어.
I broke the window **in the car.**

그 학생은 학교에서 규칙을 어길 거야.
The student will break the rules **at school.**

그 남자는 기차역에서 네 마음을 찢어놓을 거야.
That man is going to break your heart **at the train station.**

그들은 주식 시장에서 법을 어겼어.
They have broken the law **in the stock market.**

WORDS

• by accident 우연히
• no matter what 무엇이 어떻게 되든지, 무슨 일이 있어도
• soon enough 곧

OUT put

새로운 문장을 쓰고, 읽으세요.

≫ 너는 실수로 유리창을 깼어.   17

그 소년은 너무 쉽게 규칙을 어길 거야.   18

틀림없이 그 여자는 내 마음을 찢어놓을 거야.   19

우리는 확실히 법을 어겼어.   20

≫ 네가 오늘 아침에 유리창을 깼잖아.   21

머지않아 그 소년은 규칙을 어길 거야.   22

그 여자는 조만간 내 마음을 찢어놓을 거야.   23

최근에 우리가 법을 어겼어.   24

≫ 네가 차에 있는 유리창을 깼어.   25

그 소년이 학교에서 규칙을 어길 거야.   26

그 여자는 기차역에서 내 마음을 찢어놓을 거야.   27

우리는 주식 시장에서 법을 어겼어.   28

ANSWERS

주어 01 You break the window. 02 The boy breaks the rules. 03 That woman breaks my heart. 04 We break the law. 시제 05 You broke the window. 06 The boy will break the rules. 07 That woman is going to break my heart. 08 We have broken the law. 부정 09 You didn't break the window. 10 The boy won't break the rules. 11 That woman isn't going to break my heart. 12 We haven't broken the law. 질문 13 Did you break the window? 14 Will the boy break the rules? 15 Is that woman going to break my heart? 16 Have we broken the law? 구체화 17 You broke the window by accident. 18 The boy will break the rules so easily. 19 That woman is going to break my heart no matter what. 20 We have broken the law for sure. 시간 21 You broke the window this morning. 22 The boy will break the rules soon enough. 23 That woman is going to break my heart in the near future. 24 We have broken the law recently. 장소 25 You broke the window in the car. 26 The boy will break the rules at school. 27 That woman is going to break my heart at the train station. 28 We have broken the law in the stock market.

앞서 배운 내용을 응용하면 아래처럼 멋지게 말할 수 있게 됩니다. 음원을 듣고 따라 읽어보세요.

의도 말하기1

난 유리창을 깨려고 했던 게 아니었어.
I didn't mean to break the window.

그 학생은 규칙을 어기려고 했던 게 아니었어.
The student didn't mean to break the rules.

그 남자는 네 마음을 아프게 하려던 게 아니었어.
That man didn't mean to break your heart.

그들은 법을 어기려고 했던 게 아니었어.
They didn't mean to break the law.

• mean 의도하다

의도 말하기2

내가 일부러 유리창을 깼어.
I broke the window on purpose.

그 학생은 일부러 규칙을 어길 거야.
The student will break the rules on purpose.

그 남자는 일부러 네 마음을 찢어놓을 거야.
That man is going to break your heart on purpose.

그들은 일부러 법을 어겼던 거야.
They have broken the law on purpose.

• on purpose 고의로, 일부러

이유 묻기

내가 왜 유리창을 깼지?
Why did I break the window?

그 학생이 왜 규칙을 어기겠어?
Why will the student break the rules?

그 남자가 왜 네 마음을 찢어놓으려 할까?
Why is that man going to break your heart?

그들은 왜 법을 어긴 거야?
Why have they broken the law?

Amy is going to choose money eventually.
결국 에이미는 돈을 선택할 거야.

질문하기

장소 말하기

부정하기

시간 말하기

시제 바꾸기

구체화하기

주어 바꾸기

choose
선택하다

choose는 선택을 확실하게 합니다. 이것저것 가리지 않고, 마음을 정하면 골라서 결정하는 게 탁월하죠. 과거형은 chose, 과거분사형은 chosen으로 딱 부러지게 가고요. '뭘' 선택하는지는 choose 다음에 곧장 말해주면 돼요.

1

주어 바꾸기

난 이걸로 할래.
I choose this.

에이미는 돈을 선택해.
Amy chooses money.

대중은 다른 후보자를 선택한다.
The public chooses the other candidate.*

면접관들은 탐을 선택한다.
The interviewers* choose Tom.

2

시제 바꾸기

난 이걸로 할래.
I **choose** this.

에이미는 돈을 선택할 거야.
Amy **is going to choose** money.

대중은 다른 후보자를 선택했지.
The public **chose** the other candidate.

면접관들은 탐을 선택했어.
The interviewers **have chosen** Tom.

현재 시제를 보여줄
거라서 1공정 주어 바꾸기와
문장이 똑같아요.

3

부정하기

난 이거 선택 안 할래.
I **don't** choose this.

에이미는 돈을 선택하지 않을 거야.
Amy **isn't** going to choose money.

대중은 다른 후보자를 선택하지 않았어.
The public **didn't** choose the other candidate.

면접관들은 탐을 선택하지 않았어.
The interviewers **haven't** chosen Tom.

4

질문하기

나 이거 선택해?
Do I choose this?

에이미는 돈을 선택할까?
Is Amy going to choose money?

대중이 다른 후보자를 선택했어?
Did the public choose the other candidate?

면접관들이 탐을 선택한 거야?
Have the interviewers chosen Tom?

문장의 뜻은 어색하지만,
기본 문장을 의문문으로
바꾸는 연습을 해 보세요.

≫ 넌 이걸로 해.   01

토니는 돈을 선택해. (Tony)   02

미디어는 다른 후보자를 선택한다.   03

고용주*들은 탐을 선택한다. (employer)   04

≫ 넌 이걸로 해.   05

토니는 돈을 선택할 거야.   06

미디어는 다른 후보자를 선택했지.   07

고용주들은 탐을 선택했어.   08

≫ 넌 이거 선택 안 하지.   09

토니는 돈을 선택하지 않을 거야.   10

미디어는 다른 후보자를 선택하지 않았어.   11

고용주들은 탐을 선택하지 않았어.   12

≫ 넌 이거 선택하니?   13

토니는 돈을 선택할까?   14

미디어가 다른 후보자를 선택했어?   15

고용주들이 탐을 선택한 거야?   16

5

구체화하기

난 우리 엄마를 위해서 이걸로 할래.
I choose this for my mother.

에이미는 주저 없이 돈을 선택할 거야.
Amy is going to choose money without hesitation.*

예상을 뒤엎고 대중은 다른 후보자를 선택했지.
The public chose the other candidate unexpectedly.*

마지막에는 면접관들이 탐을 선택했어.
The interviewers have chosen Tom in the end.

6

시간 말하기

지금으로선 난 이걸로 할래.
I choose this for now.

결국 에이미는 돈을 선택할 거야.
Amy is going to choose money eventually.

지난번에 대중은 다른 후보자를 선택했지.
The public chose the other candidate last time.

이번에 면접관들은 탐을 선택했어.
The interviewers have chosen Tom this time.

7

장소 말하기

나 여기서는 이걸로 할래.
I choose this for here.

에이미는 인생에서 돈을 선택할 거야.
Amy is going to choose money in life.

대중은 선거에서 다른 후보자를 선택했어.
The public chose the other candidate at the election.

면접관들은 그 자리에 탐을 선택했어.
The interviewers have chosen Tom for the position.

WORDS
- public 대중
- the other (둘 중) 다른 하나
- candidate 후보자
- interviewer 면접관
- employer 고용주
- hesitation 주저, 망설임
- unexpectedly 뜻밖에, 예상외로

>> 너네 엄마를 위해서 넌 이걸로 선택해.　　17

>> 토니는 주저 없이 돈을 선택할 거야.　　18

>> 예상을 뒤엎고 미디어가 다른 후보자를 선택했어.　　19

>> 마지막에는 고용주들이 탐을 선택했어.　　20

>> 넌 지금은 이걸로 해.　　21

>> 결국 토니는 돈을 선택할 거야.　　22

>> 지난번에 미디어는 다른 후보자를 선택했지.　　23

>> 이번에 고용주들은 탐을 선택했어.　　24

>> 넌 여기서는 이걸로 해.　　25

>> 토니는 인생에서 돈을 선택할 거야.　　26

>> 선거에서 미디어는 다른 후보자를 선택했지.　　27

>> 고용주들은 그 자리에 탐을 선택했어.　　28

ANSWERS

주어 01 You choose this. 02 Tony chooses money. 03 The media chooses the other candidate. 04 The employers choose Tom. 시제 05 You choose this. 06 Tony is going to choose money. 07 The media chose the other candidate. 08 The employers have chosen Tom. 부정 09 You don't choose this. 10 Tony isn't going to choose money. 11 The media didn't choose the other candidate. 12 The employers haven't chosen Tom. 질문 13 Do you choose this? 14 Is Tony going to choose money? 15 Did the media choose the other candidate? 16 Have the employers chosen Tom? 구체화 17 You choose this for your mother. 18 Tony is going to choose money without hesitation. 19 The media chose the other candidate unexpectedly. 20 The employers have chosen Tom at the end. 시간 21 You choose this for now. 22 Tony is going to choose money eventually. 23 The media chose the other candidate last time. 24 The employers have chosen Tom this time. 장소 25 You choose this for here. 26 Tony is going to choose money in life. 27 The media chose the other candidate at the election. 28 The employers have chosen Tom for the position.

앞서 배운 내용을 응용하면 아래처럼 멋지게 말할 수 있게 됩니다. 음원을 듣고 따라 읽어보세요.

무엇, 누구인지 묻기

나 뭘 선택하지?
What do I choose**?**

에이미는 뭘 선택할까?
What is Amy going to choose**?**

대중은 누구를 선택했어?
Who did the public choose**?**

면접관들은 누구를 선택한 거야?
Who have the interviewers chosen**?**

• 상대방에서 '무엇'을 선택할지 물으려면 What, '누구'를 선택할지 물으려면 Who를 의문문 앞에 붙이고, 문장의 목적어를 생략하면 됩니다.

미리 의견 말하기

내 의견을 묻는다면, 우리 엄마를 위해서 난 이걸 선택할 거야.
If you ask me, I will choose this for my mother.

내 의견을 묻는다면, 에이미는 주저 없이 돈을 선택할 거야.
If you ask me, Amy is going to choose money without hesitation.

내 의견을 묻는다면, 예상을 뒤엎고 대중은 다른 후보자를 선택할 거야.
If you ask me, the public will choose the other candidate unexpectedly.

내 의견을 묻는다면, 끝에 가서 면접관들은 탐을 선택할 거야.
If you ask me, the interviewers will choose Tom in the end.

• If you ask me를 문장 앞에 붙이고, 미래 시제를 쓰면 '내 의견을 묻는다면'이라고 말할 수 있어요.

대신 선택하기

난 우리 엄마를 위해서 저거 대신 이거 할래.
I choose this **instead of** that for my mother.

에이미는 주저 없이 명예 대신 돈을 선택할 거야.
Amy is going to choose money **instead of** fame[*] without hesitation.

예상을 뒤엎고 대중은 그 남자 대신에 다른 후보자를 선택했지.
The public chose the other candidate **instead of** him unexpectedly.

끝에 가서 면접관들은 다른 사람 대신에 탐을 선택했어.
The interviewers have chosen Tom **instead of** the other guy in the end.

• A instead of B B 대신에 A   fame 명성

4형식

주어 + 동사 + 목적어1 + 목적어2

'주어'가 '목적어1'에게 '목적어2'를 '동사'해준다

4형식 동사는 겉에서 보면 까다로워 보이지만 알고 보면 참 착해요. '사람'에게 '뭔가' 주는 걸 좋아하죠. I give you my love.를 직역하면 '나는 보낸다 너에게 내 사랑'이니 우리말로 찰지게 조립해 볼까요? '나는 너에게 내 사랑을 보낸다.' 누구에게 무엇을 보내는지 답이 딱 나옵니다. 겉과 속이 다르지 않고 호불호가 분명한 사람들 있죠? 딱 4형식 동사같은 사람들입니다. 보통은 사람 먼저 나오고 그 다음에 줄 것이 나오는데, 간혹 또 예외가 있어서 사람을 전치사와 함께 뒤로 보내기도 합니다. 'to+사람 목적어' 이걸 문장 뒤로 빼주면 '누구에게' 가 되는 거죠. I give my love to you. 이렇게요. 이 경우면 목적어(my love)가 하나인 3형식이 되는 거예요. 3형식과 4형식은 왔다 갔다 할 수 있다는 느낌이 오시죠? 말할 때는 몇 형식인지 따지지 마시고 동사에 목적어를 몇 개 붙여야 말이 되는지만 신경쓰세요.

**My teacher gave me the
last chance.**

우리 선생님이 나에게 마지막 기회를 주셨어.

 질문하기

 목적어 바꾸기

부정하기

 장소 말하기

 시제 바꾸기

 구체화하기

 주어 바꾸기

give

주다

give는 조건부로 많이 주는 동사예요. 명사 두 개가 목적어의 모습으로
나란히 줄을 잘 서야 뭘 줘도 줍니다. 사람을 뜻하는 대명사는 반드시
목적어(me, you, her, him, us, them)의 모습으로 두 손 내밀고 있어야 그 다음에
나오는 명사를 받을 수 있죠. 일반명사들은 아무데나 들어가도 그 모습
이 변하지 않으니까 신경 안 쓰셔도 되고요. give를 쓸 때 먼저 나오는
명사는 '받는 대상', 그 다음 나오는 명사는 '받는 것'을 뜻해요. 'give+
받는 자+받는 것' 이렇게 생각하시면 쉬워요.

1

주어 바꾸기

너에게 내 사랑을 준다.
I give you my love.

그의 부모가 그 사람에게 돈을 준다.
His parents give him money.

우리 선생님이 나에게 기회를 주신다.
My teacher gives me a chance.

의사가 우리에게 안 좋은 소식을 전해 준다.
The doctor gives us bad news.

2

시제 바꾸기

너에게 내 사랑을 주고 있어.
I'm giving you my love.

그의 부모는 그 사람에게 돈을 줄 거야.
His parents **will give** him money.

우리 선생님이 나에게 기회를 주셨어.
My teacher **gave** me a chance.

의사가 우리한테 안 좋은 소식을 전했어.
The doctor **has given** us bad news.

3

부정하기

난 너에게 내 사랑을 주는 게 아냐.
I'm **not** giving you my love.

그의 부모는 그 사람한테 돈을 안 줄 거야.
His parents will **not** give him money.

우리 선생님이 나에게 기회를 안 주셨어.
My teacher **didn't** give me a chance.

의사가 우리한테 나쁜 소식을 준 게 아니잖아.
The doctor **hasn't** given us bad news.

4

질문하기

내가 너에게 내 사랑을 주고 있나?
Am I giving you my love?

그의 부모가 그 사람에게 돈을 줄까?
Will his parents give him money?

우리 선생님이 나에게 기회를 주셨던가?
Did my teacher give me a chance?

의사가 우리한테 안 좋은 소식을 전했어?
Has the doctor given us bad news?

≫ 넌 나에게 네 사랑을 준다. 01

그의 조부모*가 그 사람에게 돈을 준다. (grandparents) 02

내(우리) 교수님이 나에게 기회를 주신다. 03

간호사가 우리에게 나쁜 소식을 전해 준다. 04

≫ 넌 나에게 네 사랑을 주고 있구나. 05

그의 조부모가 그 사람에게 돈을 줄 거야. 06

우리 교수님이 나에게 기회를 주셨어. 07

간호사가 우리한테 나쁜 소식을 전했어. 08

≫ 넌 나에게 네 사랑을 안 주는구나. 09

그의 조부모는 그 사람에게 돈을 안 줄 거야. 10

우리 교수님이 나에게 기회를 안 주셨어. 11

간호사가 우리한테 나쁜 소식을 준 건 아니야. 12

≫ 넌 나에게 네 사랑을 주고 있는 거야? 13

그의 조부모가 그 사람에게 돈을 줄까? 14

우리 교수님이 나에게 기회를 주셨던 거야? 15

간호사가 우리한테 나쁜 소식을 전했어? 16

5

구체화하기

내 마음을 다해서 너에게 내 사랑을 주고 있는 거야.
I'm giving you my love with all my heart.*

그의 부모가 대학에 갈 돈을 그에게 줄 거야.
His parents will give him money for college.

우리 선생님이 나에게 마지막 기회를 주셨어.
My teacher gave me a last chance.

의사가 검사 결과와 관련해서 우리한테 안 좋은 소식을 전했어.
The doctor has given us bad news about the test result.

>

6

장소 말하기

한국에서 너에게 내 사랑을 주고 있어.
I'm giving you my love from Korea.

그의 부모가 공항에서 그 사람한테 돈을 줄 거야.
His parents will give him money at the airport.

우리 선생님이 그 자리에서 나에게 기회를 주셨어.
My teacher gave me a chance on the spot.

의사가 환자 앞에서 우리한테 안 좋은 소식을 전했어.
The doctor has given us bad news in front of the patient.

>

7

목적어 바꾸기

난 그 여자 분에게 존경을 표하고 있는 거야.
I'm giving her my respect.*

그 사람 부모님이 나한테 목록을 주실 거야.
His parents will give me the list.

우리 선생님이 걔네들에게 약속하셨지.
My teacher gave them a promise.

의사가 나에게 희망을 줬어.
The doctor has given me hope.

>

WORDS

• grandparents 조부모
• with all one's heart 진심을 다해서
• respect 존경, 경의

≫ 넌 마음을 다해서 나에게 네 사랑을 주고 있구나.　17

그의 조부모님이 대학에 갈 돈을 그에게 주실 거야.　18

내(우리) 교수님이 나에게 마지막 기회를 주셨어.　19

간호사가 검사 결과와 관련해서 우리한테 안 좋은 소식을 전했어.　20

≫ 넌 한국에서 나에게 네 사랑을 주고 있구나.　21

그의 조부모가 공항에서 그에게 돈을 줄 거야.　22

우리 교수님이 그 자리에서 나에게 기회를 주셨어.　23

간호사가 환자 앞에서 우리한테 안 좋은 소식을 전했어.　24

≫ 네가 그 여자 분에게 존경을 표하고 있구나.　25

그의 조부모님이 나한테 목록을 주실 거야.　26

우리 교수님이 걔네들에게 약속하셨지.　27

간호사가 나에게 희망을 줬어.　28

ANSWERS

주어 01 You give me your love.　02 His grandparents give him money.　03 My professor gives me a chance.　04 The nurse gives us bad news.　시제 05 You're giving me your love.　06 His grandparents will give him money.　07 My professor gave me a chance.　08 The nurse has given us bad news.　부정 09 You're not giving me your love.　10 His grandparents will not give him money.　11 My professor didn't give me a chance.　12 The nurse hasn't given us bad news.　질문 13 Are you giving me your love?　14 Will his grandparents give him money?　15 Did my professor give me a chance?　16 Has the nurse given us bad news?　구체화 17 You're giving me your love with all your heart.　18 His grandparents will give him money for college.　19 My professor gave me a last chance.　20 The nurse has given us bad news about the test result.　장소 21 You're giving me your love from Korea.　22 His grandparents will give him money at the airport.　23 My professor gave me a chance on the spot.　24 The nurse has given us bad news in front of the patient.　목적어 25 You're giving her your respect.　26 His grandparents will give me the list.　27 My professor gave them a promise.　28 The nurse has given me hope.

앞서 배운 내용을 응용하면 아래처럼 멋지게 말할 수 있게 됩니다. 음원을 듣고 따라 읽어보세요.

확인하기

내 마음을 다해서 너에게 내 사랑을 보냈다고 내가 말하지 않았나?
Didn't I say I gave you my love with all my heart**?**

그의 부모님이 그에게 대학 갈 돈을 주셨다고 내가 말하지 않았어?
Didn't I say his parents gave him money for college**?**

우리 선생님이 나에게 마지막 기회를 주셨다고 내가 말하지 않았던가?
Didn't I say my teacher gave me a last chance**?**

의사가 검사 결과와 관련해서 우리한테 안 좋은 소식을 전했다고 내가 말하지 않았나?
Didn't I say the doctor has given us bad news
about the test result**?**

문장 앞에서 꾸미기

솔직히, 내 마음을 다해서 너에게 내 사랑을 보내는 거야.
Honestly, I'm giving you my love with all my heart.

당연히, 그의 부모님이 그에게 대학에 갈 돈을 주실 거야.
Naturally, his parents will give him money for college.

고맙게도, 우리 선생님이 나에게 마지막 기회를 주셨어.
Thankfully, my teacher gave me a last chance.

불행히도, 의사가 검사 결과와 관련해서 우리한테 안 좋은 소식을 전했어.
Unfortunately, the doctor has given us bad news
about the test result.

• naturally 당연히, 물론, 자연스럽게

형식 바꾸기

내 마음을 다해서 너에게 내 사랑을 보내는 거야.
I'm giving my love **to you** with all my heart.

그의 부모님이 대학에 갈 돈을 그에게 주실 거야.
His parents will give money **to him** for college.

우리 선생님이 나에게 마지막 기회를 주셨어.
My teacher gave a last chance **to me**.

의사가 검사 결과와 관련해서 우리한테 안 좋은 소식을 전했어.
The doctor has given bad news **to us** about the test result.

• 4형식 문장을 3형식으로 바꿔서 말할 수도 있습니다. 사람을 나타내는 간접목적어를 '전치사 to+목적어'로
바꾸고 직접목적어 뒤로 보내면 돼요.

Life will teach you patience.
인생이 너에게 인내심을 가르쳐 줄 거야.

질문하기

부정하기

시제 바꾸기

주어 바꾸기

목적어 바꾸기

시간 말하기

구체화하기

teach
가르치다

teach가 살아있는 목적어(me, you, her, him, my dogs 등)에게 가르쳐 주는 것 중엔 'how to 동사원형'이 많아요. how to swim(수영하는 법), how to dance(춤 추는 법), how to make friends(친구 사귀는 법) 이렇게요. -ch로 끝 나는 동사는 he, she같은 3인칭 단수 주어와 함께 쓸 때 발음하기 좋으 라고 동사 끝에 -es를 붙이는 거 꼭 기억하세요. 참고로 teach는 현재 시제로는 잘 안씁니다.

1

주어 바꾸기

네가 그에게 예의를 가르친다.
You teach him manners.

과외 선생이 우리 애들에게 영어를 가르친다.
A tutor teaches my kids English.

인생이 너에게 교훈을 가르친다.
Life teaches you a lesson.*

내 룸메이트들이 나에게 요리하는 법을 가르친다.
My roommates teach me how to* cook.

2

시제 바꾸기

네가 그에게 예의를 가르쳐 왔구나.
You've taught him manners.

과외 선생이 우리 애들에게 영어를 가르치고 있어.
A tutor is teaching my kids English.

인생이 너에게 교훈을 가르쳐 줄 거야.
Life will teach you a lesson.

내 룸메이트들이 나에게 요리하는 법을 가르쳐 줬어.
My roommates taught me how to cook.

3

부정하기

너는 그에게 예의를 가르친 적이 없구나.
You haven't taught him manners.

과외 선생은 우리 애들에게 영어를 가르치고 있지 않아.
A tutor isn't teaching my kids English.

인생이 너에게 교훈을 가르쳐 주지 않을 거야.
Life won't teach you a lesson.

내 룸메이트들이 나에게 요리하는 법을 안 가르쳐 줬어.
My roommates didn't teach me how to cook.

4

질문하기

너는 그에게 예의를 가르친 적이 있니?
Have you taught him manners?

과외 선생이 우리 애들에게 영어를 가르치고 있나?
Is a tutor teaching my kids English?

인생이 너에게 교훈을 가르쳐 줄까?
Will life teach you a lesson?

내 룸메이트들이 나에게 요리하는 법을 가르쳐 줬나?
Did my roommates teach me how to cook?

>> 내가 그에게 예의를 가르친다.   01

내(우리) 이웃*이 우리 애들에게 영어를 가르친다. (neighbor)   02

시간이 너에게 교훈을 가르친다.   03

같은 반 친구*들이 나에게 요리하는 법을 가르친다. (classmate)   04

>> 내가 그에게 예의를 가르쳐 왔어.   05

우리 이웃이 우리 애들에게 영어를 가르치고 있어.   06

시간이 너에게 교훈을 가르쳐 줄 거야.   07

같은 반 친구들이 나에게 요리하는 법을 가르쳐 줬어.   08

>> 난 그에게 예의를 가르친 적이 없어.   09

우리 이웃이 우리 애들에게 영어를 가르치고 있지 않아.   10

시간이 너에게 교훈을 가르쳐 주지 않을 거야.   11

같은 반 친구들이 나에게 요리하는 법을 안 가르쳐 줬어.   12

>> 내가 그에게 예의를 가르쳤던가?   13

우리 이웃이 우리 애들에게 영어를 가르치고 있어?   14

시간이 너에게 교훈을 가르쳐 줄까?   15

같은 반 친구들이 나에게 요리하는 법을 가르쳐 줬나?   16

5

구체화하기

네가 그에게 식탁 예절을 가르쳐 왔구나.
You've taught him table manners. >

과외 선생이 우리 애들에게 무료로 영어를 가르치고 있어.
A tutor is teaching my kids English for free.*

인생이 너에게 경험을 통해서 교훈을 가르쳐 줄 거야.
Life will teach you a lesson through experience.*

내 룸메이트들이 나에게 미국 요리 하는 법을 가르쳐 줬어.
My roommates taught me how to cook American food.

6

시간 말하기

네가 그에게 태어날 때부터 에의를 가르쳐 왔구나.
You've taught him manners since birth. >

과외 선생이 방과 후에 우리 애들에게 영어를 가르치고 있어.
A tutor is teaching my kids English after school.

인생은 너에게 평생에 걸쳐 교훈을 가르쳐 줄 거야.
Life will teach you a lesson throughout* your life.

내 룸메이트들이 대학 시절에 나에게 요리하는 법을 가르쳐 줬어.
My roommates taught me how to cook during college.

7

목적어 바꾸기

네가 그에게 정치를 가르쳐 왔구나.
You've taught him politics. >

과외 선생이 우리 애들에게 한국어를 가르치고 있어.
A tutor is teaching my kids Korean.

인생이 너에게 인내심을 가르쳐 줄 거야.
Life will teach you patience.*

내 룸메이트들이 나에게 술 마시는 법을 가르쳐 줬어.
My roommates taught me how to drink.*

WORDS

- lesson 수업, 교훈
- how to ～하는 방법
- neighbor 이웃
- classmate 같은 반 친구
- for free 무료로
- experience 경험, 경력
- throughout ～동안 내내
- patience 참을성, 인내심
- drink 마시다, 술을 마시다

>>	내가 그에게 식탁 예절을 가르쳐 왔어.	17
	우리 이웃이 우리 애들에게 무료로 영어를 가르치고 있어.	18
	시간이 경험을 통해서 너에게 교훈을 가르쳐 줄 거야.	19
	같은 반 친구들이 나에게 미국 요리 하는 법을 가르쳐 줬어.	20

>>	난 그에게 태어날 때부터 예의를 가르쳐 왔어.	21
	우리 이웃이 방과 후에 우리 애들에게 영어를 가르치고 있어.	22
	시간이 너에게 평생에 걸쳐 교훈을 가르쳐 줄 거야.	23
	같은 반 친구들이 대학 시절에 나에게 요리하는 법을 가르쳐 줬어.	24

>>	내가 그에게 정치를 가르쳐 왔어.	25
	우리 이웃이 우리 애들에게 한국어를 가르치고 있어.	26
	시간이 너에게 인내심을 가르쳐 줄 거야.	27
	같은 반 친구들이 나에게 술 마시는 법을 가르쳐 줬어.	28

ANSWERS

주어 01 I teach him manners. 02 My neighbor teaches my kids English. 03 Time teaches you a lesson. 04 My classmates teach me how to cook. 시제 05 I've taught him manners. 06 My neighbor is teaching my kids English. 07 Time will teach you a lesson. 08 My classmates taught me how to cook. 부정 09 I haven't taught him manners. 10 My neighbor isn't teaching my kids English. 11 Time won't teach you a lesson. 12 My classmates didn't teach me how to cook. 질문 13 Have I taught him manners? 14 Is my neighbor teaching my kids English? 15 Will time teach you a lesson? 16 Did my classmates teach me how to cook? 구체화 17 I've taught him table manners. 18 My neighbor is teaching my kids English for free. 19 Time will teach you a lesson through experience. 20 My classmates taught me how to cook American food. 시간 21 I've taught him manners since birth. 22 My neighbor is teaching my kids English after school. 23 Time will teach you a lesson throughout your life. 24 My classmates taught me how to cook during college. 목적어 25 I've taught him politics. 26 My neighbor is teaching my kids Korean. 27 Time will teach you patience. 28 My classmates taught me how to drink.

형용사로 꾸미기

네가 그에게 훌륭한 식사 예절을 가르쳤구나.
You've taught him good table manners.

인심 좋은 과외 선생이 우리 애들에게 무료로 영어를 가르치고 있어.
A generous* tutor is teaching my kids English for free.

인생이 너에게 경험을 통해서 귀중한 교훈을 가르쳐 줄 거야.
Life will teach you a valuable* lesson through experience.

내 룸메이트들이 진짜 미국 음식 하는 법을 나에게 가르쳐 줬어.
My roommates taught me how to cook authentic* American food.

• generous 너그러운   valuable 소중한   authentic 진품인, 진짜인

부사로 꾸미기

네가 그에게 식사 예절을 진짜 잘 가르쳐 왔구나.
You've taught him table manners really well.

과외 선생이 우리 애들에게 영어를 무료로 진짜 잘 가르치고 있어.
A tutor is teaching my kids English really well for free.

인생이 너에게 경험을 통해서 교훈을 정말 잘 가르쳐 줄 거야.
Life will teach you a lesson really well through experience.

내 룸메이트들은 나에게 미국 음식 하는 법을 진짜 잘 가르쳐 줬어.
My roommates taught me how to cook American food really well.

• 문장의 의미를 한층 더해 주는 부사는 문장 끝에 와도 되고, 다른 전치사구(전치사+명사) 앞에 와도 돼요.

방법 묻기

넌 그에게 식사 예절을 어떻게 가르친 거야?
How have you taught him table manners?

과외 선생이 우리 애들에게 어떻게 무료로 영어를 가르치고 있어?
How is a tutor teaching my kids English for free?

인생이 어떻게 너에게 경험을 통해서 교훈을 가르쳐 줄까?
How will life teach you a lesson through experience?

내 룸메이트들이 나에게 어떻게 미국 음식 하는 법을 가르쳐 줬지?
How did my roommates teach me how to cook American food?

I'm buying you a drink to thank you.

내가 너한테 고마워서 술 한 잔 사는 거야.

목적어 바꾸기

질문하기

부정하기

장소 말하기

구체화하기

시제
바꾸기

주어
바꾸기

buy 사다

'뭘 샀다'라고 하려면 3형식으로 목적어 하나만 있어도 되는데, '누구에게 뭘 사줬다'라고 할 때는 받는 사람하고 물건이 나란히 나와야 해서 목적어가 두 개 필요합니다. 과거형이 특이하게 bought인데 gh는 발음이 안 되서 거의 '봇트'처럼 소리가 나니 주의하시고요. 현재진행형 해석에도 주의하세요. '내가 술을 사는 중이야'라는 말은 어색하잖아요. I'm buying.은 가까운 미래처럼 해석해서 '내가 사는 거야'라고 자연스럽게 우리말로 알아들으면 됩니다. 이번 구체화하기에서는 'to+동사원형'의 모습으로 명사를 뒤에서 꾸며 주었어요.

1

주어 바꾸기

내가 너에게 술을 한 잔 산다.
I buy you a drink.*

내 약혼자가 나에게 반지를 사준다.
My fiancé* buys me a ring.

그들은 자기 자식들에게 집을 사준다.
They buy their children a house.

우리가 아들에게 차를 사준다.
We buy our son a car.

2

시제 바꾸기

내가 너한테 술 한 잔 살게.
I'm buying you a drink.

내 약혼자가 나한테 반지를 사줬어.
My fiancé bought me a ring.

그들은 자기 자식들한테 집을 사줄 거야.
They will buy their children a house.

우린 아들한테 차를 사줬죠.
We've bought our son a car.

현재진행형은 상황에 따라
'~할 거야'로 미래형처럼
해석할 수도 있어요.

3

부정하기

난 너한테 술 안 살 거야.
I'm not buying you a drink.

내 약혼자가 나한테 반지를 안 사줬어.
My fiancé didn't buy me a ring.

그들은 자기 자식들한테 집을 안 사줄 거야.
They won't buy their children a house.

우린 아들한테 차를 사준 적이 없어요.
We haven't bought our son a car.

4

질문하기

내가 너한테 술 한 잔 사는 건가?
Am I buying you a drink?

내 약혼자가 나한테 반지를 사줬던가?
Did my fiancé buy me a ring?

그들은 자기 자식들한테 집을 사줄까?
Will they buy their children a house?

우리가 아들한테 차를 사준 적이 있나?
Have we bought our son a car?

문장의 뜻은 어색하지만,
기본 문장을 의문문으로
바꾸는 연습을 해 보세요.

≫ 너는 나에게 술을 한 잔 산다. 01

내 남자 친구가 나에게 반지를 사준다. 02

우리 부모님이 그에게 집을 사주신다. 03

그들이 우리 아들에게 차를 사준다. 04

≫ 네가 나한테 술을 한 잔 사는 거야. 05

내 남자 친구가 나에게 반지를 사줬어. 06

우리 부모님이 그에게 집을 사주실 거야. 07

그들이 우리 아들에게 차를 사주셨어. 08

≫ 넌 나한테 술 안 살 거야. 09

내 남자 친구가 나에게 반지를 안 사줬어. 10

우리 부모님은 그에게 집을 안 사주실 거야. 11

그들은 우리 아들에게 차를 사준 적이 없어요. 12

≫ 네가 나한테 술 한 잔 사는 거야? 13

내 남자 친구가 나한테 반지를 사줬던가? 14

우리 부모님이 그에게 집을 사주실까? 15

그들이 우리 아들에게 차를 사준 적이 있나? 16

5

구체화하기

내가 너한테 고마워서 술 한 잔 사는 거야.
I'm buying you a drink to thank you.

내 약혼자가 나한테 프러포즈하면서 반지를 사줬어.
My fiancé bought me a ring to propose.

그들은 자기 자식들한테 선물로 집 한 채 사줄 거야.
They will buy their children a house as a gift.

우린 아들한테 중고차를 한 대 사줬죠.
We've bought our son a used car.*

6

장소 말하기

내가 너한테 바로 여기서 술 한 잔 살 거야.
I'm buying you a drink right here.

내 약혼자가 백화점에서 나한테 반지를 사줬어.
My fiancé bought me a ring at the department store.

그들은 자기 자식들한테 교외 주택가에 집 한 채를 사줄 거야.
They will buy their children a house in a suburb.*

우리는 아들에게 대학 가서 쓰라고 차 한 대를 사줬죠.
We've bought our son a car for college.

7

목적어 바꾸기

제가 이 여자분한테 술 한 잔 살게요.
I'm buying this lady a drink.

받는 사람과 물건을
바꿔 말해 보며
4형식에 익숙해지세요.

내 약혼자가 나한테 목걸이를 사줬어.
My fiancé bought me a necklace.

그들은 그 여자한테 차 한 대를 사줄 거야.
They will buy her a car.

우린 아들한테 아파트 한 채를 사줬죠.
We've bought our son an apartment.

WORDS

• drink 음료, 술
• fiancé 약혼자
• used car 중고차
• suburb 교외의 주택 지역

>> 네가 나한테 고마워서 술을 한 잔 사는 거지. 17

내 남자 친구가 프러포즈하면서 나에게 반지를 사줬어. 18

우리 부모님이 그에게 선물로 집 한 채 사주실 거야. 19

그들이 우리 아들에게 중고차를 한 대 사주셨어. 20

>> 네가 나에게 바로 여기서 술을 한 잔 사는 거야. 21

내 남자 친구가 나에게 백화점에서 반지를 사줬어. 22

우리 부모님이 그 사람한테 교외 주택가에 집 한 채를 사주실 거야. 23

그들이 우리 아들에게 대학 가서 탈 차를 사주셨어. 24

>> 네가 이 여자분한테 술 한 잔 사는 거야. 25

내 남자 친구가 나한테 목걸이를 사줬어. 26

우리 부모님이 그 여자한테 집을 한 채 사주실 거야. 27

그들이 우리 아들에게 아파트를 한 채 사주셨어. 28

ANSWERS

주어 01 You buy me a drink. 02 My boyfriend buys me a ring. 03 Our parents buy him a house. 04 They buy our son a car. 시제 05 You're buying me a drink. 06 My boyfriend bought me a ring. 07 Our parents will buy him a house. 08 They've bought our son a car. 부정 09 You're not buying me a drink. 10 My boyfriend didn't buy me a ring. 11 Our parents won't buy him a house. 12 They haven't bought our son a car. 질문 13 Are you buying me a drink? 14 Did my boyfriend buy me a ring? 15 Will our parents buy him a house? 16 Have they bought our son a car? 구체화 17 You're buying me a drink to thank me. 18 My boyfriend bought me a ring to propose. 19 Our parents will buy him a house as a gift. 20 They've bought our son a used car. 장소 21 You're buying me a drink right here. 22 My boyfriend bought me a ring at the department store. 23 Our parents will buy him a house in a suburb. 24 They've bought our son a car for college. 목적어 25 You're buying this lady a drink. 26 My boyfriend bought me a necklace. 27 Our parents will buy her a house. 28 They've bought our son an apartment.

앞서 배운 내용을 응용하면 아래처럼 멋지게 말할 수 있게 됩니다. 음원을 듣고 따라 읽어보세요.

강조하기

내 말 믿어, 내가 고마워서 너한테 술 한 잔 사는 거라니까.
Believe me, I'm buying you a drink to thank you.

내 말 믿어, 내 약혼자가 프러포즈하면서 반지를 사줬다니까.
Believe me, my fiancé bought me a ring to propose.

내 말 믿어, 그들은 자식들한테 선물로 집 한 채씩 사줄 거래.
Believe me, they will buy their children a house as a gift.

내 말 믿어, 우리는 아들한테 중고차를 한 대 사줄 거라니까.
Believe me, we've bought our son a used car.

• 자신의 말을 강조할 때 Believe me로 시작하면 상대방이 솔깃해서 들을 겁니다.

후회하기

내가 너한테 감사의 의미로 술 한 잔 사줬어야 했는데.
I should have bought you a drink to thank you.

내 약혼자는 나한테 프러포즈하면서 반지를 사줬어야 했어.
My fiancé should have bought me a ring to propose.

그들은 자기 아이들한테 선물로 집 한 채를 사줬어야 했어.
They should have bought their children a house as a gift.

우리는 아들한테 중고차를 한 대 사줬어야 했어.
We should have bought our son a used car.

이유 묻기

내가 왜 너한테 술을 사고 있는 거야?
Why am I buying you a drink?

내 약혼자가 왜 나한테 반지를 사줬지?
Why did my fiancé buy me a ring?

그들이 자기 아이들에게 왜 집을 선물로 사주겠어?
Why will they buy their children a house as a gift?

우리가 왜 아들에게 중고차를 사줬지?
Why have we bought our son a used car?

I'm going to ask my colleague a question.
내가 동료에게 물어볼게.

질문하기

목적어 바꾸기

부정하기

시간 말하기

시제 바꾸기

구체화하기

주어 바꾸기

ask 묻다

ask는 아시는 것처럼 '묻기'만 하는 게 아니라, '부탁'하고, '바라는' 것으로 쓰일 때도 많아요. 3형식 동사로도 많이 쓰이고요, 4형식 정석으로 "He asks me a favor."(그가 나에게 부탁을 한다.)라고 하거나 전치사구(for a favor)를 붙여서 "He asks me for a favor."라고도 많이 씁니다. ask는 따라오는 말에 따라 뜻이 여러 가지로 달라질 수 있으니 문장을 한 덩어리로 생각하고 쓰임새를 기억하는 게 좋아요.

1

주어 바꾸기

내가 내 상사에게 질문을 한다.
I ask my boss a question.

그 사람이 그녀에게 뭔가 묻는다.
He asks her something.

내 동료가 나한테 부탁을 해.
My colleague* asks me a favor.*

예비 시부모님이 나한테 많은 걸 물어보셔.
My future parents-in-law* ask me many questions.

2

시제 바꾸기

내가 내 상사에게 불어볼게.
I'm going to ask my boss a question.

그 사람이 그녀에게 뭔가 물어볼 거야.
He will ask her something.

내 동료가 나한테 부탁을 했어.
My colleague asked me a favor.

예비 시부모님이 나한테 많은 걸 물어보셨어.
My future parents-in-law have asked me many questions.

3

부정하기

난 내 상사에게 물어보지 않을 거야.
I'm not going to ask my boss a question.

그 사람은 그 여자한테 뭔가 물어보지 않을 거야.
He won't ask her something.

내 동료는 나한테 부탁을 하지 않았어.
My colleague didn't ask me a favor.

예비 시부모님이 나에게 많은 걸 물으신 적 없어.
My future parents-in-law haven't asked me many questions.

4

질문하기

내가 내 상사에게 물어보는 거야?
Am I going to ask my boss a question?

문장의 뜻은 어색하지만,
기본 문장을 의문문으로
바꾸는 연습을 해 보세요.

그 사람이 그녀에게 뭔가 물어볼까?
Will he ask her something?

내 동료가 나한테 부탁을 했나?
Did my colleague ask me a favor?

예비 시부모님이 나에게 많은 걸 물어보신 적이 있나?
Have my future parents-in-law asked me many questions?

≫ 네가 내 상사에게 질문을 한다. 01

그 여자가 그에게 뭔가 묻는다. 02

내 친구가 나한테 부탁을 해. 03

내 예비 시누이*들이 나한테 많은 걸 묻는다. (sisters-in-law) 04

≫ 네가 내 상사에게 물어보는 거야. 05

그 여자가 그에게 뭔가 물어볼 거야. 06

내 친구가 나한테 부탁을 했어. 07

내 예비 시누이들이 나한테 많은 걸 물어봤어. 08

≫ 네가 내 상사에게 안 물어볼 거잖아. 09

그 여자는 그에게 뭔가 물어보지 않을 거야. 10

내 친구는 나한테 부탁을 하지 않았어. 11

내 예비 시누이들이 나한테 많은 걸 물은 적 없어. 12

≫ 네가 내 상사에게 물어볼 거야? 13

그 여자가 그에게 뭔가 물어볼까? 14

내 친구가 나한테 부탁을 했었나? 15

내 예비 시누이들이 나한테 많은 걸 물어본 적이 있나? 16

5

구체화하기

내가 내 상사에게 그 문제에 대해 물어볼게. >
I'm going to ask my boss a question about that matter.

그 사람이 그녀에게 미래에 대해서 뭔가 물어볼 거야.
He will ask her something about the future.

내 동료가 나한테 어려운 부탁을 했어.
My colleague asked me a big favor.

예비 시부모님이 나한테 우리 가족에 대해서 많은 걸 물어보셨어.
My future parents-in-law have asked me many questions
about my family.

6

시간 말하기

내가 내 상관에게 조만간 물어볼게. >
I'm going to ask my boss a question soon.

그 사람이 그녀에게 나중에 뭔가 물어볼 거야.
He will ask her something later.

내 동료가 지난달에 나한테 부탁을 했어.
My colleague asked me a favor last month.

예비 시부모님이 한 시간 동안 나한테 많은 걸 물어보셨어.
My future parents-in-law have asked me many questions for an hour.

7

목적어 바꾸기

내가 동료에게 물어볼게. >
I'm going to ask my colleague a question.

그 사람이 나한테 뭔가 물어볼 거야.
He will ask me something.

내 상사가 우리 남편한테 부탁을 했어.
My supervisor* asked my husband a favor.

예비 시부모님이 우리 부모님께 많은 걸 물어보셨어.
My future parents-in-law have asked my parents many questions.

WORDS
* colleague 동료
* favor 호의, 부탁, 친절
* parents-in-law 시부모, 처부모(결혼한 상대의 부모)
* sisters-in-law 시누이, 올케, 처제(결혼한 상대의 여자 형제)
* supervisor 감독관, 관리자

>> 네가 그 문제에 대해 내 상사에게 물어보는 거야.　17

그 여자가 그에게 미래에 대해서 뭔가 물어볼 거야.　18

내 친구가 나한테 어려운 부탁을 했어.　19

내 예비 시누이들이 나한테 우리 가족에 대해서 많은 걸 물어봤어.　20

>> 네가 곧 내 상사에게 물어보는 거야.　21

그 여자가 그에게 나중에 뭔가 물어볼 거야.　22

내 친구가 지난달에 나한테 부탁을 했어.　23

내 예비 시누이들이 한 시간 동안 나한테 많은 걸 물어봤어.　24

>> 네가 내 동료에게 물어보는 거야.　25

그 여자가 나에게 뭔가 물어볼 거야.　26

내 친구가 우리 남편한테 부탁을 했어.　27

내 예비 시누이들이 우리 부모님께 많은 걸 물어봤어.　28

ANSWERS

주어 01 You ask my boss a question.　02 She asks him something.　03 My friend asks me a favor.　04 My future sisters-in-law ask me many questions.　시제 05 You're going to ask my boss a question.　06 She will ask him something.　07 My friend asked me a favor.　08 My future sisters-in-law have asked me many questions.　부정 09 You're not going to ask my boss a question.　10 She won't ask him something.　11 My friend didn't ask me a favor.　12 My future sisters-in-law haven't asked me many questions.　질문 13 Are you going to ask my boss a question?　14 Will she ask him something?　15 Did my friend ask me a favor?　16 Have my future sisters-in-law asked me many questions?　구체화 17 You're going to ask my boss a question about that matter.　18 She will ask him something about the future.　19 My friend asked me a big favor.　20 My future sisters-in-law have asked me many questions about my family.　시간 21 You're going to ask my boss a question soon.　22 She will ask him something later.　23 My friend asked me a favor last month.　24 My future sisters-in-law have asked me many questions for an hour.　목적어 25 You're going to ask my colleague a question.　26 She will ask me something.　27 My friend asked my husband a favor.　28 My future sisters-in-law have asked my parents many questions.

단도직입적으로 물어보기

내가 보스에게 그 문제에 대해 단도직입적으로 물어볼게.
I'm going to directly ask my boss a question about that matter.

그 사람이 그녀에게 미래에 대해서 뭔가 단도직입적으로 물어볼 거야.
He will directly ask her something about the future.

동료가 나한테 어려운 일을 단도직입적으로 부탁했어.
My colleague directly asked me a big favor.

예비 시부모님은 나에게 우리 가족에 대해서 단도직입적으로 많은 걸 물어보셨어.
My future parents-in-law have directly asked me many questions about my family.

• '직접적'인 부사 directly를 동사 ask 바로 앞에 붙여서 '단도직입적으로 묻는다'라는 뜻을 만듭니다.

추측하기

내가 보스에게 그 문제에 대해 물어볼지도 몰라.
I might ask my boss a question about that matter.

그 사람이 그녀에게 미래에 대해서 뭔가 물어볼지도 몰라.
He might ask her something about the future.

내 동료가 나한테 어려운 부탁을 할지도 몰라.
My colleague might ask me a big favor.

예비 시부모님이 나에게 우리 가족에 대해 많은 걸 물어보실지도 몰라.
My future parents-in-law might ask me many questions about my family.

• 약한 가능성을 나타내는 조동사 might를 끼워 넣으면 '~할지도 모른다'는 뜻이 돼요.

생각 말하기

난 상관에게 그 문제에 대해 물어볼 거야.
I think I'm going to ask my boss a question about that matter.

내 생각에 그 사람이 그녀에게 미래에 관한 뭔가를 물어볼 거야.
I think he will ask her something about the future.

난 내 동료가 나한테 어려운 부탁을 했다고 생각해.
I think my colleague asked me a big favor.

예비 시부모님이 나에게 우리 가족에 대해서 많은 걸 물어보셨다고 생각해.
I think my future parents-in-law have asked me many questions about my family.

My father will send me a package.
우리 아버지가 나한테 택배를 보내실 거야.

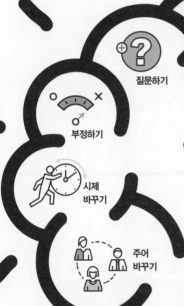

질문하기

부정하기

시제 바꾸기

주어 바꾸기

목적어 바꾸기

시간 말하기

구체화하기

send
보내다

send는 다행히 뜻이 '보내다' 하나로 명확해요. 누구에게 뭘 보내는지만 순서대로 명사 두 개가 따라와 주면 되죠. 이메일도 보내고, 택배도 보내고, 마음도 보내고 다 보낼 수 있어요. 현재완료(have sent)를 쓰면, 보낸 것을 받았다는 뜻까지 포함된다는 것도 알아두세요.

1

주어 바꾸기

나는 너에게 이메일을 보낸다.
I send you email.

우리 아버지가 나에게 택배를 보내신다.
My father sends me a package.*

네 남자 친구가 나한테 문자를 보낸다.
Your boyfriend sends me a text.*

우리 애들이 나에게 꽃을 보낸다.
My kids send me some flowers.

>

2

시제 바꾸기

난 너한테 이메일을 보낼 거야.
I'm going to send you an email.

우리 아버지가 나한테 택배를 보내실 거야.
My father will send me a package.

네 남자 친구가 나한테 문자를 보냈더라.
Your boyfriend sent me a text.

우리 애들이 나에게 꽃을 보내왔어.
My kids have sent me some flowers.

be going to, will 둘 다 '미래'를
나타내요. be going to는 거의
예정된 일을 말할 때 쓰고,
will은 약한 예측과 그러고자 하는
의지의 뉘앙스가 있으니 앞뒤
문맥에 맞게 골라 쓰세요.

>

3

부정하기

난 너한테 이메일 안 보낼 거야.
I'm **not** going to send you an email.

우리 아버지가 나한테 택배를 안 보내실 거야.
My father **won't** send me a package.

네 남자 친구는 나한테 문자 안 보냈어.
Your boyfriend **didn't** send me a text.

우리 애들은 나에게 꽃을 보내지 않았어.
My kids **haven't** sent me some flowers.

>

4

질문하기

내가 너한테 이메일 보내는 거야?
Am I going to send you an email?

우리 아버지가 나한테 택배를 보내실까?
Will my father send me a package?

네 남자 친구가 나한테 문자를 보냈어?
Did your boyfriend send me a text?

우리 애들이 나에게 꽃을 보내왔어?
Have my kids sent me some flowers?

>

≫ 너는 나에게 이메일을 보낸다.   01

내(우리) 엄마가 나에게 택배를 보내신다.   02

내 남자 친구가 나한테 문자를 보낸다.   03

내 학생들이 나에게 꽃을 보낸다.   04

≫ 너 나한테 이메일 보낼 거잖아.   05

우리 엄마가 나한테 택배를 보내실 거야.   06

내 남자 친구가 나한테 문자를 보냈어.   07

내 학생들이 나에게 꽃을 보내왔어.   08

≫ 너는 나한테 이메일 안 보낼 거야.   09

우리 엄마는 나한테 택배를 안 보내실 거야.   10

내 남자 친구는 나한테 문자를 안 보냈어.   11

내 학생들은 나에게 꽃을 보내지 않았어.   12

≫ 너 나한테 이메일 보낼 거야?   13

우리 엄마가 나한테 택배를 보내실까?   14

내 남자 친구가 나한테 문자 보냈나?   15

내 학생들이 나에게 꽃을 보내왔어?   16

5

구체화하기

내가 너한테 그것에 대해서 이메일 보낼 거야.
I'm going to send you an email about that.

우리 아버지가 속달 우편으로 나한테 택배를 보내실 거야.
My father will send me a package by express mail.*

네 남자 친구가 뜬금없이 나한테 문자를 보냈더라.
Your boyfriend sent me a text out of the blue.*

우리 애들이 나에게 생일 축하 꽃을 보내왔어.
My kids have sent me some flowers for my birthday.

6

시간 말하기

난 너한테 금방 이메일을 보낼 거야.
I'm going to send you an email in a minute.

우리 아버지가 다음 주에 나한테 택배를 보내실 거야.
My father will send me a package next week.

네 남자 친구가 5분 전에 나한테 문자를 보냈더라.
Your boyfriend sent me a text five minutes ago.

우리 애들이 방금 나에게 꽃을 보내왔어.
My kids have just sent me some flowers.

7

목적어 바꾸기

난 그 사람한테 이메일을 보낼 거야.
I'm going to send him an email.

우리 아버지가 너한테 택배를 보내실 거야.
My father will send you a package.

네 남자 친구가 그녀한테 문자를 보냈더라.
Your boyfriend sent her a text.

우리 애들이 나에게 돈을 좀 보내왔어.
My kids have sent me some money.

받는 사람과 물건을
바꿔 말해 보며
4형식을 익히세요.

WORDS

• package 상자, 수화물, 소포
• text 글, 문자
• express mail 속달 우편 서비스
• out of the blue 갑자기, 난데없이

≫ 넌 나한테 그것에 대해서 이메일을 보낼 거야. 17

내(우리) 엄마가 속달 우편으로 나한테 택배를 보내실 거야. 18

내 남자 친구가 뜬금없이 나한테 문자를 보냈어. 19

내 학생들이 생일이라고 나에게 꽃을 보내왔어. 20

≫ 너는 당장 나한테 이메일을 보낼 거야. 21

우리 엄마가 다음 주에 나한테 택배 보내실 거야. 22

내 남자 친구가 5분 전에 나에게 문자를 보냈더라. 23

내 학생들이 방금 나에게 꽃을 보내왔어. 24

≫ 너는 그 사람한테 이메일을 보낼 거야. 25

우리 엄마가 너한테 택배를 보내실 거야. 26

내 남자 친구가 그녀한테 문자를 보냈더라. 27

내 학생들이 나에게 돈을 좀 보내왔어. 28

ANSWERS

주어 01 You send me an email. 02 My mother sends me a package. 03 My boyfriend sends me a text. 04 My students send me some flowers. 시제 05 You're going to send me an email. 06 My mother will send me a package. 07 My boyfriend sent me a text. 08 My students have sent me some flowers. 부정 09 You're not going to send me an email. 10 My mother won't send me a package. 11 My boyfriend didn't send me a text. 12 My students haven't sent me some flowers. 질문 13 Are you going to send me an email? 14 Will my mother send me a package? 15 Did my boyfriend send me a text? 16 Have my students sent me some flowers? 구체화 17 You're going to send me an email about that. 18 My mother will send me a package by express mail. 19 My boyfriend sent me a text out of the blue. 20 My students have sent me some flowers for my birthday. 시간 21 You're going to send me an email in a minute. 22 My mother will send me a package next week. 23 My boyfriend sent me a text five minutes ago. 24 My students have just sent me some flowers. 목적어 25 You're going to send him an email. 26 My mother will send you a package. 27 My boyfriend sent her a text. 28 My students have sent me some money.

앞서 배운 내용을 응용하면 아래처럼 멋지게 말할 수 있게 됩니다. 음원을 듣고 따라 읽어보세요.

신속함 표현하기

내가 그것에 대해서 가능한 한 빨리 너한테 이메일 보낼게.
I'm going to send you an email about that
as soon as possible.

우리 아버지가 속달 우편으로 나한테 택배를 가능한 한 빨리 보내실 거야.
My father will send me a package by express mail
as soon as possible.

네 남자 친구가 나한테 신속하게 문자를 보낼 거야.
Your boyfriend will send me a text as soon as possible.

우리 애들은 최대한 빨리 나에게 생일 축하 꽃을 보낼 거야.
My kids will send me some flowers for my birthday
as soon as possible.

• as soon as possible을 문장 끝에 붙이면 '가능한 한 빨리' 라는 뜻이 되는데 미래형일 때만 이런 표현을 씁니다.

강조하기

내가 그것에 대해서 너에게 확실히 이메일을 보낼 거야.
Definitely, I'm going to send you an email about that.

확실히, 우리 아버지가 속달 우편으로 나한테 택배를 보내실거야.
Definitely, my father will send me a package by express mail.

확실히, 네 남자 친구가 뜬금없이 나한테 문자 보냈더라.
Definitely, your boyfriend sent me a text out of the blue.

우리 애들이 나에게 생일 축하 꽃을 보낸 게 분명해.
Definitely, my kids have sent me some flowers for my birthday.

시기 묻기

내가 언제 너한테 그것에 관해 이메일을 보낼까?
When am I going to send you an email about that?

우리 아버지는 속달 우편으로 나한테 언제 택배를 보내실까?
When will my father send me a package by express mail?

네 남자 친구가 뜬금없이 나한테 문자 보낸 게 언제였지?
When did your boyfriend send me a text out of the blue?

언제 우리 애들이 생일 축하 꽃을 나한테 보냈어?
When have my kids sent me some flowers for my birthday?

Tom owes me money.

탐이 나한테 돈을 빚진 게 있어.

질문하기

구체화하기 2

부정하기

시간 말하기

시제
바꾸기

구체화하기 1

주어
바꾸기

owe

빚지다

owe는 뭔가를 빚지게 만드는 동사입니다. '누구에게 무엇을 빚지다'라
는 뜻이니 문장에 맞게 자연스럽게 해석하세요. owe 뒤로 빚진 대상이
곧바로 나오고, 그 뒤로 돈, 해야 할 말, 갚아야 할 신세 등 뭘 빚졌는지
명사로 보여 주기만 하면 됩니다. owe를 쓰면 아~주 영어적인 표현을
말할 수 있어요.

1

주어 바꾸기

난 너에게 사과할 일이 있어.
I owe you an apology.*

그 여자는 우리에게 임대료를 빚지고 있다.
She owes us the rent.*

탐이 나에게 돈을 빚지고 있다.
Tom owes me money.

우리는 은행에 이자를 빚지고 있어.
We owe the bank interest.*

'owe 사람 an apology'는
'누구에게 사과를 빚지고 있다'는
뜻인데 자연스럽게 해석하세요.

>

2

시제 바꾸기

난 너에게 사과힐 일이 있어.
I owe you an apology.

그 여자는 우리에게 임대료를 빚질 거야.
She will owe us the rent.

탐이 나한테 돈을 빚졌었어.
Tom owed me money.

우리는 은행 이자를 빚졌어.
We owed the bank interest.

현재 시제를 보여줄
거라서 1공정 주어 바꾸기와
문장이 똑같아요.

>

3

부정하기

난 너한테 사과할 일 없어.
I don't owe you an apology.

그 여자는 우리에게 임대료를 빚지지 않을 거야.
She won't owe us the rent.

탐은 나한테 돈을 빚지지 않았어.
Tom didn't owe me money.

우리는 은행 이자를 빚지지 않았어.
We didn't owe the bank interest.

>

4

질문하기

내가 너한테 사과해야 하나?
Do I owe you an apology?

그 여자가 우리에게 임대료를 빚질까?
Will she owe us the rent?

탐이 나한테 돈을 빚졌었나?
Did Tom owe me money?

우리가 은행 이자를 빚졌어?
Did we owe the bank interest?

>

≫ 넌 나한테 사과할 일이 있어. 01

그 남자는 우리에게 임대료를 빚지고 있다. 02

토니가 나에게 돈을 빚지고 있다. 03

그 사람들은 은행에 이자를 빚지고 있어. 04

≫ 넌 나한테 사과할 일이 있어. 05

그 남자는 우리에게 임대료를 빚질 거야. 06

토니가 나한테 돈을 빚졌었어. 07

그 사람들은 은행 이자를 빚졌어. 08

≫ 넌 나한테 사과할 일 없어. 09

그 남자는 우리에게 임대료를 빚지지 않을 거야. 10

토니는 나한테 돈을 빚지지 않았어. 11

그 사람들은 은행 이자를 빚지지 않았어. 12

≫ 네가 나한테 사과해야 하나? 13

그 남자가 우리에게 임대료를 빚질까? 14

토니가 나한테 돈을 빚졌었나? 15

그 사람들이 은행 이자를 빚졌어? 16

5

구체화하기 1

그 일로 내가 너에게 사과할 일이 있어.
I owe you an apology for that matter.

그 자리에서 그 여자는 우리에게 임대료를 빚지게 될 거야.
She will owe us the rent on the spot.

한동안 탐이 나한테 돈을 빚졌었어.
Tom owed me money for a while.

내 사업 때문에 우리는 은행 이자를 빚졌어.
We owed the bank interest because of my business.

6

시간 말하기

난 오늘 너에게 사과할 일이 있어.
I owe you an apology today.

그 여자는 우리에게 다음 달 임대료를 빚질 거야.
She will owe us the rent for the next month.

지난번에 탐이 나한테 돈을 빚졌었어.
Tom owed me money last time.

우리는 이번 달에 은행 이자를 빚졌어.
We owed the bank interest this month.

7

구체화하기 2

우리 회사를 대신해서 내가 너에게 사과할 일이 있어.
I owe you an apology on behalf of* my company.

그 여자는 우리에게 아파트 임대료를 빚질 거야.
She will owe us the rent for the apartment.

탐이 나한테 호텔 비용을 빚졌었어.
Tom owed me money for the hotel.

우리는 집 때문에 은행 이자를 빚졌어.
We owed the bank interest for the house.

WORDS

* apology 사과
* rent 집세
* interest 이자
* on behalf of ～를 대신하여, ～를 대표하여

>> 그 일로 넌 나한테 사과할 일이 있어.   17

그 자리에서 그 남자는 우리에게 임대료를 빚질 거야.   18

한동안 토니가 나한테 돈을 빚졌었어.   19

내 사업 때문에 그 사람들이 은행 이자를 빚졌어.   20

>> 넌 오늘 나에게 사과할 일이 있어.   21

그 남자는 우리에게 다음 달 임대료를 빚질 거야.   22

지난번에 토니가 나한테 돈을 빚졌었어.   23

그 사람들은 이번 달에 은행 이자를 빚졌어.   24

>> 너희 회사를 대신해서 넌 나에게 사과할 일이 있어.   25

그 남자는 우리에게 아파트 임대료를 빚질 거야.   26

토니가 나한테 호텔 비용을 빚졌어.   27

그 사람들은 집 때문에 은행 이자를 빚졌어.   28

ANSWERS

주어 01 You owe me an apology. 02 He owes us the rent. 03 Tony owes me money. 04 They owe the bank interest.
시제 05 You owe me an apology. 06 He will owe us the rent. 07 Tony owed me money. 08 They owed the bank interest. 부정 09 You don't owe me an apology. 10 He won't owe us the rent. 11 Tony didn't owe me money. 12 They didn't owe the bank interest. 질문 13 Do you owe me an apology? 14 Will he owe us the rent? 15 Did Tony owe me money? 16 Did they owe the bank interest? 구체화1 17 You owe me an apology for that matter. 18 He will owe us the rent on the spot. 19 Tony owed me money for a while. 20 They owed the bank interest because of my business. 시간 21 You owe me an apology today. 22 He will owe us the rent for the next month. 23 Tony owed me money last time. 24 They owed the bank interest this month. 구체화2 25 You owe me an apology on behalf of your company. 26 He will owe us the rent for the apartment. 27 Tony owed me money for the hotel. 28 They owed the bank interest for the house.

앞서 배운 내용을 응용하면 아래처럼 멋지게 말할 수 있게 됩니다. 음원을 듣고 따라 읽어보세요. 🎧

형용사로 꾸미기

난 너에게 그 일에 대해 크게 사과할 빚이 있어.
I owe you a big apology for that matter.

그 여자는 그 자리에서 우리에게 줘야 할 비싼 임대료를 빚지게 될 거야.
She will owe us the expensive rent on the spot.

탐은 나한테 한동안 많은 돈을 빚졌었어.
Tom owed me a lot of money for a while.

내 사업 때문에 우리는 은행에 어마어마한 이자를 빚졌어.
We owed the bank huge* interest because of my business.

• huge 막대한, 엄청난

무엇인지 묻기

내가 너에게 무슨 빚이 있어?
What do I owe you?

그 여자는 우리에게 뭘 빚지게 될까?
What will she owe us?

탐이 나한테 뭘 빚졌었어?
What did Tom owe me?

우리가 은행에 무슨 빚을 졌어?
What did we owe the bank?

문장 앞에서 꾸미기

유감스럽게도 그 일로 인해 난 너에게 사과할 빚이 있어.
Unfortunately, I owe you an apology for that matter.

당연히 그 자리에서 그 여자는 우리에게 임대료를 빚질 거야.
Naturally, she will owe us the rent on the spot.

놀랍게도 한동안 탐이 나한테 돈을 빚졌어.
Surprisingly, Tom owed me money for a while.

우리는 내 사업 때문에 일시적으로 은행에 빚을 졌어.
Temporarily, we owed the bank interest because of my business.

The realtor will show him a house for rent.
부동산 중개인이 그에게 임대할 집을 보여 줄 거야.

질문하기

장소 말하기

부정하기

시제 바꾸기

시간 말하기

구체화하기

주어 바꾸기

show
보여 주다

show는 누구에게나 세상의 모든 것을 다 보여 줍니다. 보여 줄 것이 무엇인지 명사로 갖다 붙이기만 하면 돼요. 누구한테 보여 줄 건지는 her, him 같은 목적격으로 쓰고요. 과거에 보여 준 것은 showed, 과거부터 지금까지 쭉 보여 줬을 때는 have shown입니다.

1

주어 바꾸기

나는 그녀에게 내 사진을 보여 준다.
I show her my pictures.

부동산 중개인은 그에게 집을 보여 준다.
The realtor* shows him a house.

내 남자 친구는 그들에게 영화를 보여 준다.
My boyfriend shows them a movie.

많은 책이 나에게 세상을 보여 준다.
Many books show me the world.

>

2

시제 바꾸기

나는 그녀에게 내 사진을 보여 줄 기야.
I'm going to show her my pictures.

부동산 중개인은 그에게 집을 보여 줄 거야.
The realtor will show him a house.

내 남자 친구가 그들에게 영화를 보여 줬어.
My boyfriend showed them a movie.

많은 책이 나에게 세상을 보여 줘 왔어.
Many books have shown me the world.

>

3

부정하기

난 그녀에게 내 사진을 안 보여 줄 거야.
I'm **not** going to show her my pictures.

부동산 중개인이 그에게 집을 보여 주지 않을 거야.
The realtor **won't** show him a house.

내 남자 친구는 그들에게 영화를 보여 주지 않았어.
My boyfriend **didn't** show them a movie.

많은 책이 나에게 세상을 보여 주지 않았어.
Many books **haven't** shown me the world.

>

4

질문하기

내가 그녀에게 내 사진을 보여 줄까?
Am I going to show her my pictures?

부동산 중개인이 그에게 집을 보여 줄까?
Will the realtor show him a house?

내 남자 친구가 그들에게 영화를 보여 줬어?
Did my boyfriend show them a movie?

많은 책이 나에게 세상을 보여 줬던가?
Have many books shown me the world?

문장의 뜻은 어색하지만,
기본 문장을 의문문으로
바꾸는 연습을 해 보세요.

>

240

≫ 너는 그녀에게 네 사진을 보여 준다. 01

(집)주인이 그에게 집을 보여 준다. (owner) 02

네 남자 친구가 그들에게 영화를 보여 준다. 03

많은 영화가 나에게 세상을 보여 준다. 04

≫ 너는 그녀에게 네 사진을 보여 줄 거야. 05

(집)주인이 그에게 집을 보여 줄 거야. 06

네 남자 친구가 그들에게 영화를 보여 줬어. 07

많은 영화가 나에게 세상을 보여 줘 왔어. 08

≫ 너는 그녀에게 네 사진을 안 보여 줄 거야. 09

(집)주인이 그에게 집을 보여 주지 않을 거야. 10

네 남자 친구가 그들에게 영화를 보여 주지 않았어. 11

많은 영화가 나에게 세상을 보여 주지 않았어. 12

≫ 넌 그녀에게 네 사진을 보여 줄 거야? 13

(집)주인이 그에게 집을 보여 줄까? 14

네 남자 친구가 그들에게 영화를 보여 줬어? 15

많은 영화가 나에게 세상을 보여 줬나? 16

5

구체화하기

난 그녀에게 재미로 내 사진을 보여 줄 거야.
I'm going to show her my pictures for fun.

부동산 중개인이 그에게 임대할 집을 보여 줄 거야.
The realtor will show him a house for rent.

내 남자 친구가 나 빼고 그들에게 영화를 보여 줬어.
My boyfriend showed them a movie without me.

내 인생에서 많은 책이 나에게 세상을 보여 줬어.
Many books have shown me the world in my life.

\>

6

시간 말하기

내일 내가 그녀에게 내 사진을 보여 줄 거야.
I'm going to show her my pictures tomorrow.

오늘 오후에 부동산 중개인이 그에게 집을 보여 줄 거야.
The realtor will show him a house this afternoon.

어제 내 남자 친구가 그들에게 영화를 보여 줬어.
My boyfriend showed them a movie yesterday.

지금까지 많은 책이 나에게 세상을 보여 줬어.
Many books have shown me the world so far.*

\>

7

장소 말하기

난 그녀에게 내 방에 있는 내 사진을 보여 줄 거야.
I'm going to show her my pictures in my room.

부동산 중개인이 그에게 시내에 있는 집을 보여 줄 거야.
The realtor will show him a house in downtown.

내 남자 친구가 동네에서 그들에게 영화를 보여 줬어.
My boyfriend showed them a movie in the neighborhood.

많은 책이 나에게 세상의 여기저기를 보여 줬어.
Many books have shown me the world everywhere.

\>

WORDS

* realtor 부동산 업자
* owner 소유주, 주인
* so far 지금까지, 이 시점까지

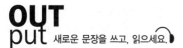

>> 넌 그녀에게 재미로 네 사진을 보여 줄 거야. 17

(집)주인이 그에게 임대할 집을 보여 줄 거야. 18

네 남자 친구가 너 빼고 그들에게 영화를 보여 줬어. 19

내 인생에서 많은 영화가 나에게 세상을 보여 줬어. 20

>> 너는 내일 그녀에게 네 사진을 보여 주는 거야. 21

오늘 오후에 (집)주인이 그에게 임대할 집을 보여 줄 거야. 22

네 남자 친구가 어제 그들에게 영화를 보여 줬어. 23

지금까지 많은 영화가 나에게 세상을 보여 줬어. 24

>> 넌 그녀에게 네 방에 있는 네 사진을 보여 주는 거야. 25

(집)주인이 그에게 시내에 있는 집을 보여 줄 거야. 26

네 남자 친구가 동네에서 그들에게 영화를 보여 줬어. 27

많은 영화가 나에게 세상 여기저기를 보여 줬어. 28

ANSWERS

주어 01 You show her your pictures. 02 The owner shows him a house. 03 Your boyfriend shows them a movie. 04 Many movies show me the world. 시제 05 You're going to show her your pictures. 06 The owner will show him a house. 07 Your boyfriend showed them a movie. 08 Many movies have shown me the world. 부정 09 You're not going to show her your pictures. 10 The owner won't show him a house. 11 Your boyfriend didn't show them a movie. 12 Many movies haven't shown me the world. 질문 13 Are you going to show her your pictures? 14 Will the owner show him a house? 15 Did your boyfriend show them a movie? 16 Have many movies shown me the world? 구체화 17 You're going to show her your pictures for fun. 18 The owner will show him a house for rent. 19 Your boyfriend showed them a movie without you. 20 Many movies have shown me the world in my life. 시간 21 You're going to show her your pictures tomorrow. 22 The owner will show him a house this afternoon. 23 Your boyfriend showed them a movie yesterday. 24 Many movies have shown me the world so far. 장소 25 You're going to show her your pictures in your room. 26 The owner will show him a house in downtown. 27 Your boyfriend showed them a movie in the neighborhood. 28 Many movies have shown me the world everywhere.

앞서 배운 내용을 응용하면 아래처럼 멋지게 말할 수 있게 됩니다. 음원을 듣고 따라 읽어보세요.

무엇인지 묻기

내가 그녀에게 뭘 보여 줄까?
What am I going to show her?

부동산 중개인이 그에게 뭘 보여 줄까?
What will the realtor show him?

내 남자 친구가 그들에게 뭘 보여 줬어?
What did my boyfriend show them?

많은 책이 나에게 뭘 보여 줬지?
What have many books shown me?

형용사로 꾸미기

재미로 내가 그녀에게 멋진 내 사진을 보여 줄 거야.
I'm going to show her my **wonderful** pictures for fun.

부동산 중개인이 그에게 괜찮은 임대용 집을 보여 줄 거야.
The realtor will show him a **moderate*** house for rent.

내 남자 친구가 나 빼고 그들에게 무서운 영화를 보여 줬어.
My boyfriend showed them a **scary** movie without me.

많은 책이 나에게 내 인생에서 몰랐던 세상을 보여 줬어.
Many books have shown me the **unknown*** world in my life.

• moderate 보통의, 적당한   unknown 알려지지 않은

추측하기

재미로 내가 그녀에게 내 사진을 보여 줄지도 몰라.
I **might** show her my pictures for fun.

부동산 중개인이 그에게 임대할 집을 보여 줄지도 몰라.
The realtor **might** show him a house for rent.

내 남자 친구가 나 빼고 그들에게 영화를 보여 줄지도 몰라.
My boyfriend **might** show them a movie without me.

내 인생에서 많은 책이 나에게 세상을 보여 줄지도 몰라.
Many books **might** show me the world in my life.

I'm not going to tell her the truth.

난 그녀에게 사실대로 말하지 않을 거야.

질문하기

장소 말하기

부정하기

시간 말하기

시제
바꾸기

구체화하기

주어
바꾸기

tell 말하다

tell은 입이 싸서 비밀을 못 지키고 다 말해요. 'tell+말하는 대상+말할 내용' 순서로 쓰면 됩니다. 과거형, 과거분사형은 told로 모양이 단순하게 변하는 편입니다. 말한 적이 있다고 사실대로 고백하고 싶으면 have told 현재완료형으로 쓰면 좋아요.

1

주어 바꾸기

나는 그녀에게 사실을 말한다.
I tell her the truth.

그가 너에게 그의 이름을 말한다.
He tells you his name.

그의 딸이 그에게 거짓을 말한다.
His daughter tells him a lie.

우리 언니들이 나에게 이야기를 해 준다.
My sisters tell me the story.

2

시제 바꾸기

난 그녀에게 사실을 말하려고 해.
I'm going to tell her the truth.

그 사람이 너에게 자기 이름을 말할 거야.
He **will tell** you his name.

그의 딸이 그에게 거짓말을 했어.
His daughter **told** him a lie.

우리 언니들이 나한테 그 얘기를 한 적이 있어.
My sisters **have told** me the story.

3

부정하기

난 그녀에게 사실대로 말하지 않을 거야.
I'm **not** going to tell her the truth.

그 사람은 너에게 자기 이름을 말하지 않을 거야.
He **won't** tell you his name.

그의 딸은 그에게 거짓말하지 않았어.
His daughter **didn't** tell him a lie.

우리 언니들은 나한테 그 얘기를 한 적이 없어.
My sisters **haven't** told me the story.

4

질문하기

내가 그녀에게 사실을 말할까?
Am I going to tell her the truth?

그 사람이 너에게 자기 이름을 말할까?
Will he tell you his name?

그의 딸이 그에게 거짓말을 했어?
Did his daughter tell him a lie?

우리 언니들이 나한테 그 얘기를 한 적이 있어?
Have my sisters told me the story?

≫ 너는 그녀에게 사실을 말한다. 01

그녀가 너에게 그의 이름을 말한다. 02

그의 아들이 그에게 거짓을 말한다. 03

내(우리) 오빠들이 나에게 이야기를 해 준다. 04

≫ 네가 그녀에게 사실을 말한 거야. 05

그녀가 너에게 그의 이름을 말할 거야. 06

그의 아들이 그에게 거짓말을 했어. 07

우리 오빠들이 나한테 그 얘기를 한 적이 있어. 08

≫ 너는 그녀에게 사실을 말하지 않을 거야. 09

그녀가 너에게 그의 이름을 말하지 않을 거야. 10

그의 아들은 그에게 거짓말하지 않았어. 11

우리 오빠들이 나한테 그 얘기를 한 적이 없어. 12

≫ 넌 그녀에게 사실을 말할 거야? 13

그녀가 너에게 그의 이름을 말해 줄까? 14

그의 아들이 그에게 거짓말을 했어? 15

우리 오빠들이 나한테 그 얘기를 한 적이 있어? 16

5 구체화하기

난 그녀의 남편에 대한 사실을 그녀에게 말하려고 해.
I'm going to tell her the truth about her husband.

그 자리에서 그 사람이 너에게 자기 이름을 말할 거야.
He will tell you his name on the spot.

물어볼 것도 없이 그의 딸이 그에게 거짓말을 했네.
His daughter told him a lie without question.*

우리 언니들이 나한테 우리 부모님에 관한 얘기를 한 적이 있어.
My sisters have told me the story about our parents.

6 시간 말하기

가능하면 빨리 내가 그녀에게 사실을 말하려고 해.
I'm going to tell her the truth as soon as possible.

그 사람이 너에게 곧바로 자기 이름을 말할 거야.
He will tell you his name right away.

지난번에 그의 딸이 그에게 거짓말을 했어.
His daughter told him a lie last time.

우리 언니들이 전에 나한테 그 얘기를 한 적이 있어.
My sisters have told me the story before.

7 장소 말하기

난 그녀의 사무실에서 그녀에게 사실을 말하려고 해.
I'm going to tell her the truth in her office.

그 사람은 커피숍에서 너에게 자기 이름을 말할 거야.
He will tell you his name in the coffee shop.

그의 딸이 집에서 그에게 거짓말을 했어.
His daughter told him a lie at home.

우리 언니들은 장례식에서 나한테 그 얘기를 한 적이 있어.
My sisters have told me the story at the funeral.*

WORDS
· without question 물을 것도 없이
· funeral 장례식

>> 너는 그녀에게 그녀의 남편에 대한 사실을 말할 거야.　　　17

너는 그 자리에서 그녀가 너에게 그의 이름을 말할 거야.　　　18

물어볼 것도 없이 그의 아들이 그에게 거짓말을 했네.　　　19

내(우리) 오빠들이 나한테 우리 부모님에 관한 얘기를 한 적이 있어.　　　20

>> 너는 가능하면 빨리 그녀에게 사실을 말할 거야.　　　21

그녀가 너에게 곧바로 그의 이름을 말할 거야.　　　22

지난번에 그의 아들이 그에게 거짓말을 했어.　　　23

우리 오빠들이 전에 나한테 그 얘기를 한 적이 있어.　　　24

>> 너는 그녀의 사무실에서 그녀에게 사실을 말할 거야.　　　25

커피숍에서 그녀가 너에게 그의 이름을 말해 줄 거야.　　　26

그의 아들이 집에서 그에게 거짓말을 했어.　　　27

우리 오빠들은 장례식에서 나한테 그 얘기를 한 적이 있어.　　　28

ANSWERS

주어 01 You tell her the truth. 02 She tells you his name. 03 His son tells him a lie. 04 My brothers tell me the story. 시제 05 You're going to tell her the truth. 06 She will tell you his name. 07 His son told him a lie. 08 My brothers have told me the story. 부정 09 You're not going to tell her the truth. 10 She won't tell you his name. 11 His son didn't tell him a lie. 12 My brothers haven't told me the story. 질문 13 Are you going to tell her the truth? 14 Will she tell you his name? 15 Did his son tell him a lie? 16 Have my brothers told me the story? 구체화 17 You're going to tell her the truth about her husband. 18 She will tell you his name on the spot. 19 His son told him a lie without question. 20 My brothers have told me the story about our parents. 시간 21 You're going to tell her the truth as soon as possible. 22 She will tell you his name right away. 23 His son told him a lie last time. 24 My brothers have told me the story before. 장소 25 You're going to tell her the truth in her office. 26 She will tell you his name in the coffee shop. 27 His son told him a lie at home. 28 My brothers have told me the story at the funeral.

앞서 배운 내용을 응용하면 아래처럼 멋지게 말할 수 있게 됩니다. 음원을 듣고 따라 읽어보세요.

무엇인지 묻기

내가 그녀에게 무슨 말을 하겠어?
What am I going to tell her?

그 사람이 너에게 무슨 말을 하겠어?
What will he tell you?

그의 딸이 그 사람한테 무슨 말을 했어?
What did his daughter tell him?

우리 언니들이 나한테 무슨 말을 한 거지?
What have my sisters told me?

이유 묻기

왜 내가 그녀에게 사실을 말하겠어?
Why am I going to tell her the truth?

왜 그 사람이 너에게 자기 이름을 말하겠어?
Why will he tell you his name?

왜 그의 딸이 그 사람한테 거짓말을 했던 걸까?
Why did his daughter tell him a lie?

왜 우리 언니들이 나한테 그 얘기를 한 거지?
Why have my sisters told me the story?

• 4형식 의문문 앞에 Why를 붙이면 문장 '전체'에 대한 이유를 묻는 말이 됩니다.

강하게 부정하기

난 절대 그녀에게 그녀의 남편에 대한 사실을 말하지 않을 거야.
I'm **never** going to tell her the truth about her husband.

그 사람은 절대로 너에게 곧바로 자기 이름을 말하지 않을 거야.
He will **never** tell you his name right away.

물어볼 것도 없이 그의 딸은 절대 그 사람한테 거짓말하지 않았어.
His daughter **never** told him a lie without question.

우리 언니들은 나한테 우리 부모님에 대한 얘기를 절대로 한 적이 없어.
My sisters have **never** told me the story about our parents.

• never를 동사, 조동사 앞이나 be동사 뒤에 쓰면 '절대 그렇지 않다'고 강하게 부정하는 말이 됩니다.

I'm going to bring you coffee at lunch.

내가 점심 때 너에게 커피를 가져다줄게.

질문하기

장소 말하기

부정하기

시간 말하기

시제 바꾸기

구체화하기

주어 바꾸기

bring

가져다주다

bring을 쓰면 아주 영어적이면서 나아가 문학적인 표현까지도 가능해요. '기억을 불러일으킨다', '기쁨을 가져다준다' 등 얼마나 아름다운 표현입니까. bring으로 세상의 모든 것을 다 가져다주거나 가져온다는 말을 할 수 있기 때문이죠. 'bring+사람 목적어+가져 오는/가는 것'이면 다 됩니다. 과거부터 지금까지 쭉 가져다줬으면 have brought, 과거에 한 번으로 끝났으면 brought을 쓰세요.

1

주어 바꾸기

내가 너에게 커피를 가져다준다.
I bring you coffee.

그 노래가 그에게 기억을 불러온다.
The song brings him memories.

그녀의 남자 친구가 그녀에게 선물을 가져다준다.
Her boyfriend brings her a present.

우리 애들이 나에게 기쁨을 가져다준다.
My children bring me joy.

2

시제 바꾸기

내가 너에게 커피를 가져다줄게.
I'm going to bring you coffee.

그 노래가 그에게 기억을 불러올 거야.
The song will bring him memories.

그녀의 남자 친구가 그녀에게 선물을 가져다줬어.
Her boyfriend brought her a present.

우리 애들이 나에게 기쁨을 가져다줘 왔지.
My children have brought me joy.

3

부정하기

난 너에게 커피를 가져다주지 않을 거야.
I'm **not** going to bring you coffee.

그 노래는 그에게 기억을 불러오지 않을 거야.
The song **won't** bring him memories.

그녀의 남자 친구가 그녀에게 선물을 가져다주지 않았어.
Her boyfriend **didn't** bring her a present.

우리 애들은 나에게 기쁨을 가져다준 적이 없어.
My children **haven't** brought me joy.

4

질문하기

내가 너에게 커피를 가져다줄까?
Am I going to bring you coffee?

그 노래가 그에게 기억을 불러올까?
Will the song bring him memories?

그녀의 남자 친구가 그녀에게 선물을 가져다줬어?
Did her boyfriend bring her a present?

우리 애들이 나에게 기쁨을 가져다준 적이 있던가?
Have my children brought me joy?

> 문장의 뜻은 어색하지만,
> 기본 문장을 의문문으로
> 바꾸는 연습을 해 보세요.

≫ 너는 나에게 커피를 가져다준다. 01

그 영화가 그에게 기억을 불러온다. 02

그의 여자 친구가 그에게 선물을 가져다준다. 03

내 애완동물들이 나에게 기쁨을 가져다준다. (pet) 04

≫ 너는 나에게 커피를 가져다줄 거야. 05

그 영화가 그에게 기억을 불러올 거야. 06

그의 여자 친구가 그에게 선물을 가져다줬어. 07

내 애완동물들이 나에게 기쁨을 가져다줘 왔지. 08

≫ 너는 나에게 커피를 가져다주지 않을 거야. 09

그 영화는 그에게 기억을 불러오지 않을 거야. 10

그의 여자 친구가 그에게 선물을 가져다주지 않았어. 11

내 애완동물들이 나에게 기쁨을 가져다준 적은 없지. 12

≫ 너 나한테 커피를 가져다줄 거야? 13

그 영화가 그에게 기억을 불러올까? 14

그의 여자 친구가 그에게 선물을 가져다줬어? 15

내 애완동물들이 나에게 기쁨을 가져다준 적이 있던가? 16

5

구체화하기

이번에는 내가 너에게 커피를 가져다줄게.
I'm going to bring you coffee this time.   >

그 노래가 그에게 나에 대한 기억을 불러올 거야.
The song will bring him memories about me.

평소처럼 그녀의 남자 친구가 그녀에게 선물을 가져다줬어.
Her boyfriend brought her a present as usual.*

때때로 우리 애들이 나에게 기쁨을 가져다줬지.
My children have brought me joy from time to time.*

6

시간 말하기

내가 점심 때 너에게 커피를 가져다줄게.
I'm going to bring you coffee at lunch.   >

운전하는 동안 그 노래가 그에게 기억을 불러올 거야.
The song will bring him memories during his driving.

오늘 아침에 그녀의 남자 친구가 그녀에게 선물을 가져다줬어.
Her boyfriend brought her a present this morning.

사는 동안 우리 애들이 나에게 기쁨을 가져다줬어.
My children have brought me joy through life.

7

장소 말하기

내가 밖에서 너에게 커피를 가져다줄게.
I'm going to bring you coffee from outside.   >

그 노래는 그에게 학교에서의 기억을 불러올 거야.
The song will bring him memories from school.

그녀의 남자 친구가 그녀에게 파리에서 사온 선물을 가져다줬어.
Her boyfriend brought her a present from Paris.

외국에서 우리 애들이 나에게 기쁨을 가져다줬어.
My children have brought me joy abroad.*

WORDS

* as usual 평소처럼, 늘 그렇듯이
* from time to time 가끔, 때때로
* abroad 해외에

>> 이번에는 네가 나한테 커피를 가져다주는 거야. 17

그 영화가 그에게 나에 대한 기억을 불러올 거야. 18

평소처럼 그의 여자 친구가 그에게 선물을 가져다줬어. 19

때때로 내 애완동물들이 나에게 기쁨을 가져다줬어. 20

>> 점심 때 네가 나한테 커피를 가져다주는 거야. 21

운전하는 동안 그 영화가 그에게 기억을 불러올 거야. 22

오늘 아침에 그의 여자 친구가 그에게 선물을 가져다줬어. 23

사는 동안 내 애완동물들이 나에게 기쁨을 가져다줬지. 24

>> 네가 나에게 밖에서 커피를 가져다줄 거야. 25

그 영화가 그에게 학교에서의 기억을 불러올 거야. 26

그의 여자 친구가 그에게 파리에서 사온 선물을 가져다줬어. 27

외국에서 내 애완동물들이 나에게 기쁨을 가져다줬지. 28

ANSWERS

주어 01 You bring me coffee. 02 The movie brings him memories. 03 His girlfriend brings him a present. 04 My pets bring me joy. 시제 05 You're going to bring me coffee. 06 The movie will bring him memories. 07 His girlfriend brought him a present. 08 My pets have brought me joy. 부정 09 You're not going to bring me coffee. 10 The movie won't bring him memories. 11 His girlfriend didn't bring him a present. 12 My pets haven't brought me joy. 질문 13 Are you going to bring me coffee? 14 Will the movie bring him memories? 15 Did his girlfriend bring him a present? 16 Have my pets brought me joy? 구체화 17 You're going to bring me coffee this time. 18 The movie will bring him memories about me. 19 His girlfriend brought him a present as usual. 20 My pets have brought me joy from time to time. 시간 21 You're going to bring me coffee at lunch. 22 The movie will bring him memories during his driving. 23 His girlfriend brought him a present this morning. 24 My pets have brought me joy through life. 장소 25 You're going to bring me coffee from outside. 26 The movie will bring him memories from school. 27 His girlfriend brought him a present from Paris. 28 My pets have brought me joy abroad.

앞서 배운 내용을 응용하면 아래처럼 멋지게 말할 수 있게 됩니다. 음원을 듣고 따라 읽어보세요. 🎧

과거의 일 말하기

옛날에는 내가 너에게 커피를 가져다주고는 했었지.
I used to bring you coffee.

예전에는 그 노래가 그에게 기억을 불러일으키곤 했지.
The song used to bring him memories.

예전에는 그녀의 남자 친구가 그녀에게 선물을 가져다주고는 했지.
Her boyfriend used to bring her a present.

예전에는 우리 애들이 나에게 기쁨을 가져다줬었지.
My children used to bring me joy.

• 'used to+동사원형'은 '예전에는 그랬는데 지금은 아니다'라는 뉘앙스를 잘 전하는 표현이에요.

무엇인지 묻기

내가 너에게 뭘 가져다줄까?
What am I going to bring you?

그 노래가 그에게 뭘 불러일으킬까?
What will the song bring him?

그녀의 남자 친구가 그녀에게 뭘 가져왔어?
What did her boyfriend bring her?

우리 애들이 나에게 뭘 가져왔어?
What have my children brought me?

장담하기

이번에는 내가 너에게 커피를 가져다줄 거라고 장담해.
I bet I'm going to bring you coffee this time.

내가 장담하는데 그 노래가 그에게 나에 대한 기억을 불러올 거야.
I bet the song will bring him memories about me.

평소처럼 그녀의 남자 친구가 그녀에게 선물을 가져다줬다고 장담해.
I bet her boyfriend brought her a present as usual.

때때로 우리 애들이 나에게 기쁨을 준 적이 있다고 내가 장담해.
I bet my children have brought me joy from time to time.

• bet ~가 틀림없다, 분명하다

My boss will offer him a promotion next month.

다음 달에 우리 사장이 그 사람에게 승진을 제안할 거야.

질문하기

장소 말하기

부정하기

시간 말하기

시제 바꾸기

구체화하기

주어 바꾸기

offer

제공하다

offer는 그냥 주는 게 아니라 공식적으로 '제공'하거나 '제안'하는 것입니다. 일자리나 승진, 뇌물같이 밥벌이에 관련된 것을 제공할 수도 있고, 가볍게 마실 걸 제공할 수도 있겠죠. 무난한 동사라 과거형이나 과거분사형도 그냥 끝에 −ed를 붙여서 offered로 씁니다.

1

주어 바꾸기

내가 그녀에게 일자리를 제공한다.
I offer her a position.

우리 사장이 그에게 승진을 제안한다.
My boss offers him a promotion.*

비서가 그들에게 커피를 제공한다.
The secretary* offers them coffee.

그들이 나에게 뇌물을 제공한다.
They offer me a bribe.*

>

2

시제 바꾸기

내가 그녀에게 일자리를 제공할 거야.
I'm going to offer her a position.

우리 사장이 그에게 승진을 제안할 거야.
My boss will offer him a promotion.

비서가 그 사람들에게 커피를 줬어.
The secretary offered them coffee.

그 사람들이 나에게 뇌물을 제공한 적이 있지.
They have offered me a bribe.

>

3

부정하기

난 그녀에게 일자리를 제공하지 않을 거야.
I'm not going to offer her a position.

우리 사장이 그에게 승진을 제안하지 않을 거야.
My boss won't offer him a promotion.

비서가 그 사람들에게 커피를 주지 않았어.
The secretary didn't offer them coffee.

그 사람들은 나에게 뇌물을 준 적이 없어.
They haven't offered me a bribe.

>

4

질문하기

내가 그녀에게 일자리를 제공할까?
Am I going to offer her a position?

우리 사장이 그에게 승진을 제안할까?
Will my boss offer him a promotion?

비서가 그 사람들에게 커피를 줬어?
Did the secretary offer them coffee?

그 사람들이 나에게 뇌물을 제공한 적이 있었나?
Have they offered me a bribe?

>

≫ 네가 그녀에게 일자리를 제공한다. 01

너희 사장이 그에게 승진을 제안한다. 02

웨이터가 그들에게 커피를 제공한다. (waiter) 03

우리가 그들에게 뇌물을 제공한다. 04

≫ 네가 그녀에게 일자리를 제공할 거야. 05

너희 사장이 그에게 승진을 제안할 거야. 06

웨이터가 그 사람들에게 커피를 줬어. 07

우리가 그 사람들에게 뇌물을 제공한 적이 있지. 08

≫ 너는 그녀에게 일자리를 제공하지 않을 거야. 09

너희 사장이 그에게 승진을 제안하지 않을 거야. 10

웨이터가 그 사람들에게 커피를 주지 않았어. 11

우리는 그 사람들에게 뇌물을 준 적이 없어. 12

≫ 너는 그녀에게 일자리를 제공할 거야? 13

너희 사장이 그에게 승진을 제안할까? 14

웨이터가 그 사람들에게 커피를 줬어? 15

우리가 그 사람들에게 뇌물을 제공한 적이 있었나? 16

5

구체화하기

내가 그녀에게 일시적으로 일자리를 제공할 거야.
I'm going to offer her a position temporarily.

우리 사장은 그에게 인센티브로 승진을 제안할 거야.
My boss will offer him a promotion as an incentive.*

비서가 뜬금없이 그 사람들에게 커피를 줬어.
The secretary offered them coffee out of the blue.*

뜻밖에도 그 사람들이 나에게 뇌물을 제공한 적이 있지.
They have offered me a bribe unexpectedly.

6

시간 말하기

조만간 내가 그녀에게 일자리를 제공할 거야.
I'm going to offer her a position sooner or later.

다음 달에 우리 사장이 그에게 승진을 제안할 거야.
My boss will offer him a promotion next month.

회의가 끝나고 비서가 그 사람들에게 커피를 줬어.
The secretary offered them coffee after the meeting.

협상 중에 그 사람들이 나에게 뇌물을 제공한 적이 있어.
They have offered me a bribe during negotiations.*

7

장소 말하기

내가 그녀에게 우리 회사의 일자리를 제공할 거야.
I'm going to offer her a position in our company.

우리 사장은 기념식에서 그에게 승진을 제안할 거야.
My boss will offer him a promotion at the ceremony.*

대기실에서 비서가 그 사람들에게 커피를 줬어.
The secretary offered them coffee in the waiting room.*

회의 때 그 사람들이 나에게 뇌물을 제공한 적이 있지.
They have offered me a bribe at the meeting.

WORDS

- promotion 승진, 홍보
- secretary 비서
- bribe 뇌물
- incentive 성과 장려책, 인센티브
- out of the blue 갑자기
- negotiation 협상
- ceremony 의식
- waiting room 대기실

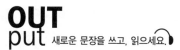
≫ 너는 그녀에게 일시적으로 일자리를 제공할 거야.　17

　너희 사장은 인센티브로 그에게 승진을 제안할 거야.　18

　웨이터가 뜬금없이 그 사람들에게 커피를 줬어.　19

　뜻밖에도 우리가 그 사람들에게 뇌물을 제공한 적이 있지.　20

≫ 조만간 네가 그녀에게 일자리를 제공할 거야.　21

　다음 달에 너희 사장이 그에게 승진을 제안할 거야.　22

　회의가 끝나고 웨이터가 그 사람들에게 커피를 줬어.　23

　협상 중에 우리가 그 사람들에게 뇌물을 제공한 적이 있지.　24

≫ 네가 그녀에게 우리 회사의 일자리를 제공할 거야.　25

　너희 사장은 기념식에서 그에게 승진을 제안할 거야.　26

　대기실에서 웨이터가 그 사람들에게 커피를 줬어.　27

　회의 때 우리가 그 사람들에게 뇌물을 제공한 적이 있지.　28

ANSWERS

주어 01 You offer her a position.　02 Your boss offers him a promotion.　03 The waiter offers them coffee.　04 We offer them a bribe.　시제 05 You're going to offer her a position.　06 Your boss will offer him a promotion.　07 The waiter offered them coffee.　08 We have offered them a bribe.　부정 09 You're not going to offer her a position.　10 Your boss won't offer him a promotion.　11 The waiter didn't offer them coffee.　12 We haven't offered them a bribe.　질문 13 Are you going to offer her a position?　14 Will your boss offer him a promotion?　15 Did the waiter offer them coffee?　16 Have we offered them a bribe?　구체화 17 You're going to offer her a position temporarily.　18 Your boss will offer him a promotion as an incentive.　19 The waiter offered them coffee out of the blue.　20 We have offered them a bribe unexpectedly.　시간 21 You're going to offer her a position sooner or later.　22 Your boss will offer him a promotion next month.　23 The waiter offered them coffee after the meeting.　24 We have offered them a bribe during negotiations.　장소 25 You're going to offer her a position in our company.　26 Your boss will offer him a promotion at the ceremony.　27 The waiter offered them coffee in the waiting room.　28 We have offered them a bribe at the meeting.

앞서 배운 내용을 응용하면 아래처럼 멋지게 말할 수 있게 됩니다. 음원을 듣고 따라 읽어보세요.

형용사로 꾸미기

내가 그녀에게 정규직을 제공할 거야.
I'm going to offer her a permanent* position.

우리 사장이 그에게 파격 승진을 제안할 거야.
My boss will offer him a big* promotion.

비서가 그 사람들에게 비싼 커피를 줬어.
The secretary offered them expensive coffee.

그 사람들이 나에게 큰 뇌물을 준 적이 있지.
They have offered me a big bribe.

• permanent 지속적인, 영구적인   big 큰, 파격적인

후회하기

내가 그녀에게 일자리를 주지 말았어야 했는데.
I shouldn't have offered her a position.

우리 사장은 그에게 승진을 제안하지 말았어야 했어.
My boss shouldn't have offered him a promotion.

비서가 그 사람들에게 커피를 주지 말았어야 했어.
The secretary shouldn't have offered them coffee.

그 사람들은 나에게 뇌물을 주지 말았어야 했어.
They shouldn't have offered me a bribe.

누구인지 묻기

내가 일자리를 제공할 사람이 누구야?
Who am I going to offer a position?

우리 사장이 누구에게 승진을 제안할까?
Who will my boss offer a promotion?

비서가 누구에게 커피를 줬어?
Who did the secretary offer coffee?

그들이 누구에게 뇌물을 제공한 적이 있어?
Who have they offered a bribe?

주어 + 동사 + 목적어 + 목적보어

'주어'는 '목적어'가 '목적보어' 하도록 '동사'한다

5형식은 언뜻 까탈스러운 것 같아도 가장 남을 많이 생각하는 문장 형식이에요. 주어가 목적어를 위해 다 해주거든요. 목적어를 보완 설명해 주는 목적보어 자리에는 명사, 형용사, 부정사(to+동사원형 혹은 그냥 동사원형)가 다 올 수 있어요. 복잡하게 생각 마시고 '목적어=목적보어'라는 것, 즉 목적어 다음에 목적어를 설명해 주는 말이 곧장 오는 게 5형식 문장이라고 생각하세요. 그래서 '주어가 목적어를 보어하도록 동사한다' 식으로 해석이 되는 거죠. 여기에 속하는 대표적인 동사는 여러분이 많이 본 make, help, keep 뭐 이런 동사예요. 5형식 동사들은 세련미와 부티가 팍팍 나는 편이니 자주 써서 영어 실력을 뽐내 보세요. 알고 보면 별 거 아닌데 사람들이 이런 동사를 부담스러워서 피하거든요. 10개 동사로 5형식 문장을 연습하면 문장 구조가 틀처럼 머릿속에 박히고, 자동적으로 무수한 문장들이 쏟아지니 제 말을 믿고 한번 해 보세요.

**I'm helping my mom
cook in the kitchen.**

난 부엌에서 우리 엄마 요리하시는 걸 돕고 있어.

질문하기

목적어 바꾸기

시간 말하기

부정하기

시제
바꾸기

구체화하기

주어
바꾸기

help 돕다

help는 목적어가 목적보어 하는 걸 '돕는' 동사예요. 목적보어로는 'to+
동사원형'이나 동사원형이 오고, 이 목적보어는 목적어가 하는 일을 말
해 줍니다. 일상회화에서는 목적보어로 'to+동사원형'를 잘 쓰지는 않
지만 이 형태도 예문을 통해 알아두세요.

1

주어 바꾸기

나는 우리 엄마 요리하시는 걸 돕는다.
I help my mom cook.

네 동료가 너 일하는 걸 돕는다.
Your coworker* helps you work.

어떤 사람들이 우리 이사하는 걸 도와준다.
Some people help us move.

페이스북은 내가 사람 만나는 걸 도와줘.
Facebook helps me to meet people.

2

시제 바꾸기

난 우리 엄마 요리하시는 걸 돕고 있어.
I'm helping my mom cook.

네 동료가 너 일하는 거 도와줄 거야.
Your coworker will help you work.

어떤 사람들이 우리 이사하는 거 도와줬어.
Some people helped us move.

페이스북 덕분에 내가 사람들을 만나게 됐지.
Facebook has helped me to meet people.

3

부정하기

난 우리 엄마 요리하시는 거 안 돕고 있어.
I'm **not** helping my mom cook.

네 동료가 너 일하는 걸 안 도와줄 거야.
Your coworker **won't** help you work.

어떤 사람들은 우리 이사하는 거 안 도와주더라.
Some people **didn't** help us move.

페이스북은 내가 사람들을 만나게 도와준 적이 없어.
Facebook **hasn't** helped me to meet people.

4

질문하기

나 우리 엄마 요리하시는 거 돕는 중인가?
Am I helping my mom cook?

네 동료가 너 일하는 걸 도와줄까?
Will your coworker help you work?

어떤 사람들이 우리 이사하는 거 도와줬어?
Did some people help us move?

페이스북 덕분에 내가 사람들을 만나게 됐나?
Has Facebook helped me to meet people?

≫ 너는 내(우리) 엄마 요리하시는 거 돕는다.   01

너의 반 친구가 너 일하는 걸 돕는다. (classmate)   02

어떤 학생들이 우리 이사하는 걸 도와준다.   03

트위터는 내가 사람 만나는 걸 도와줘. (Twitter)   04

≫ 네가 우리 엄마 요리하시는 걸 돕고 있구나.   05

너의 반 친구가 너 일하는 거 도와줄 거야.   06

어떤 학생들이 우리 이사하는 거 도와줬어.   07

트위터 덕분에 내가 사람들을 만나게 됐지.   08

≫ 넌 우리 엄마 요리하시는 걸 돕지 않고 있어.   09

너의 반 친구가 너 일하는 걸 안 도와줄 거야.   10

어떤 학생들은 우리 이사하는 거 안 도와주더라.   11

트위터는 내가 사람들을 만나게 도와준 적이 없어.   12

≫ 너 우리 엄마 요리하시는 걸 돕는 중이니?   13

너의 반 친구가 너 일하는 걸 도와줄까?   14

어떤 학생들이 우리 이사하는 거 도와줬나?   15

트위터 덕분에 내가 사람들을 만나게 됐나?   16

5

구체화하기

난 부엌에서 우리 엄마 요리하시는 거 돕고 있어.
I'm helping my mom cook in the kitchen.   >

네가 그 프로젝트 하는 걸 네 동료가 도와줄 거야.
Your coworker will help you work on the project.

이웃의 어떤 사람들이 우리 이사하는 걸 도와줬어.
Some people in the neighborhood helped us move.

페이스북 덕분에 수년째 내가 사람들을 만나게 됐지.
Facebook has helped me to meet people for years.*

6

시간 말하기

난 지금 우리 엄마 요리하시는 걸 돕고 있어.
I'm helping my mom cook right now.   >

네 동료가 너 일하는 거 처음에는 도와줄 거야.
Your coworker will help you work in the beginning.

어떤 사람들이 오늘 아침에 우리 이사하는 걸 도와줬어.
Some people helped us move this morning.

페이스북 덕분에 올해에는 내가 사람들을 만나게 됐지.
Facebook has helped me to meet people this year.

7

목적어 바꾸기

난 우리 와이프가 요리하는 걸 돕고 있어.
I'm helping my wife cook.   >

네 동료는 네가 배울 수 있게 도와줄 거야.
Your coworker will help you learn.

어떤 사람들이 그 여자가 이사하는 걸 도와줬어.
Some people helped her move.

페이스북 덕분에 내가 친구들을 보게 됐지.
Facebook has helped me to see my friends.

WORDS

• coworker 동료
• for years 수년 동안

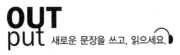

≫ 네가 부엌에서 내(우리) 엄마 요리하시는 걸 돕고 있구나. 17

네가 그 프로젝트 하는 걸 너의 반 친구가 도와줄 거야. 18

이웃의 어떤 학생들이 우리 이사하는 걸 도와줬어. 19

트위터 덕분에 수년째 내가 사람들을 만나게 됐지. 20

≫ 네가 지금 우리 엄마 요리하시는 걸 돕고 있구나. 21

너의 반 친구가 처음에는 너 일하는 거 도와줄 거야. 22

어떤 학생들이 오늘 아침에 우리 이사하는 걸 도와줬어. 23

트위터 덕분에 올해에는 내가 사람들을 만나게 됐지. 24

≫ 네가 우리 와이프 요리하는 걸 돕고 있구나. 25

너의 반 친구는 네가 배울 수 있게 도와줄 거야. 26

어떤 학생들이 그 여자가 이사하는 걸 도와줬어. 27

트위터 덕분에 내가 친구들을 보게 됐지. 28

ANSWERS

주어 01 You help my mom cook. 02 Your classmate helps you work. 03 Some students help us move. 04 Twitter helps me to meet people. 시제 05 You're helping my mom cook. 06 Your classmate will help you work. 07 Some students helped us move. 08 Twitter has helped me to meet people. 부정 09 You're not helping my mom cook. 10 Your classmate won't help you work. 11 Some students didn't help us move. 12 Twitter hasn't helped me to meet people. 질문 13 Are you helping my mom cook? 14 Will your classmate help you work? 15 Did some students help us move? 16 Has Twitter helped me to meet people? 구체화 17 You're helping my mom cook in the kitchen. 18 Your classmate will help you work on the project. 19 Some students in the neighborhood helped us move. 20 Twitter has helped me to meet people for years. 시간 21 You're helping my mom cook right now. 22 Your classmate will help you work in the beginning. 23 Some students helped us move this morning. 24 Twitter has helped me to meet people this year. 목적어 25 You're helping my wife cook. 26 Your classmate will help you learn. 27 Some students helped her move. 28 Twitter has helped me to see my friends.

앞서 배운 내용을 응용하면 아래처럼 멋지게 말할 수 있게 됩니다. 음원을 듣고 따라 읽어보세요.

단서 붙이기

믿거나 말거나지만, 난 부엌에서 엄마 요리하시는 걸 돕고 있어.
Believe it or not, I'm helping my mom cook in the kitchen.

믿거나 말거나, 네 동료가 프로젝트 관련해서 널 도와줄 거야.
Believe it or not, your coworker will help you work on the project.

믿거나 말거나지만, 어떤 이웃 사람들이 우리 이사하는 걸 도와줬어.
Believe it or not, some people in the neighborhood helped us move.

믿거나 말거나, 난 페이스북 덕분에 수년째 사람들을 만나게 됐어.
Believe it or not, Facebook has helped me to meet people for years.

• Believe it or not을 문장 앞머리에 붙이면 '니가 믿거나 말거나' 내 말은 이렇다는 뜻이 되죠.

가능성 말하기

내가 부엌에서 우리 엄마 요리를 돕는 건 가능하지.
It is possible I will help my mom cook in the kitchen.

네 동료는 네가 그 프로젝트를 하도록 도와주는 게 가능하지.
It is possible your coworker will help you work on the project.

이웃의 어떤 사람들이 우리 이사하는 걸 도와주는 건 가능한 일이야.
It is possible some people in the neighborhood will help us move.

페이스북이 내가 사람들을 만나도록 도와주는 건 가능한 얘기야.
It is possible Facebook will help me to meet people.

• It is possible을 앞에 붙이고, 뒤의 문장을 미래 시제로 쓰면 앞으로의 가능성을 나타내는 새로운 표현이 됩니다.

과거의 가능성 말하기

나는 부엌에서 요리하시는 엄마를 도울 수도 있었어.
I could have helped my mom cook in the kitchen.

네 동료는 그 프로젝트를 하는 너를 도울 수도 있었어.
Your coworker could have helped you work on the project.

이웃의 어떤 사람들은 우리의 이사를 도울 수도 있었어.
Some people in the neighborhood could have helped us move.

페이스북은 몇 년 동안 내가 사람들을 만나는 걸 도울 수도 있었는데.
Facebook could have helped me to meet people for years.

• could have helped는 과거에 '도울 수도 있었는데 못 도왔다' 뭐 이런 얘기죠.

I'm going to keep my desk empty for the newcomer.
새로 오는 사람을 위해서 제 책상을 비워 놓을게요.

질문하기

부정하기

목적어 바꾸기

시간 말하기

시제 바꾸기

구체화하기

주어 바꾸기

keep

상태를 유지하다

keep은 의리가 있어서 목적어를 어떤 상태에서든지 잘 '유지'시키는데, 목적어의 상태는 형용사로 표현하세요. 과거나 현재완료에서는 형태가 kept으로 변합니다. 참고로 현재완료의 형태로 have kept이라고 하면 과거부터 지금까지 쭈~욱 유지시키고, 지켜줬다는 말입니다.

1

주어 바꾸기

난 내 책상을 빈 상태로 둬.
I keep my desk empty.*

내 남자 친구는 자기 차를 깨끗하게 유지해.
My boyfriend keeps his car clean.

제이는 내 커피를 따뜻하게 보관한다.
Jay keeps my coffee warm.

납치범들이 아이를 살려 둔다.
The kidnappers* keep the child alive.*

>

2

시제 바꾸기

난 책상을 비워 놓을 거야.
I'm going to keep my desk empty.

내 남자 친구는 자기 차를 깨끗하게 유지할 거야.
My boyfriend **will keep** his car clean.

제이가 내 커피 따뜻하게 보관해 줬어.
Jay **kept** my coffee warm.

납치범들이 아이를 살려 뒀더군.
The kidnappers **have kept** the child alive.

>

3

부정하기

난 내 책상을 안 비워 놓을 거야.
I'm **not** going to keep my desk empty.

내 남자 친구는 자기 차를 깨끗하게 유지하지 않을 거야.
My boyfriend **won't** keep his car clean.

제이가 내 커피를 따뜻하게 보관 안 해 줬어.
Jay **didn't** keep my coffee warm.

납치범들이 아이를 살려 두지 않았어.
The kidnappers **haven't** kept the child alive.

>

4

질문하기

내가 내 책상을 비워 놓을까?
Am I going to keep my desk empty?

내 남자 친구가 자기 차를 깨끗하게 유지할까?
Will my boyfriend keep his car clean?

제이가 내 커피를 따뜻하게 보관해 줬어?
Did Jay keep my coffee warm?

납치범들이 아이를 살려 뒀어?
Have the kidnappers kept the child alive?

>

> 문장의 뜻은 어색하지만,
> 기본 문장을 의문문으로
> 바꾸는 연습을 해 보세요.

≫ 너 내 책상을 비워 놔. 01

내 여자 친구는 자기 차를 깨끗하게 유지해. 02

제인이 내 커피를 따뜻하게 보관해줘. (Jane) 03

개들이 아이를 살려 둔다. 04

≫ 넌 내 책상을 비워 놓을 거야. 05

내 여자 친구는 자기 차를 깨끗하게 유지할 거야. 06

제인이 내 커피를 따뜻하게 보관해 줬어. 07

개들이 아이를 살려 뒀네. 08

≫ 넌 내 책상을 비워 놓지 않을 거야. 09

내 여자 친구는 자기 차를 깨끗하게 유지하지 않을 거야. 10

제인이 내 커피를 따뜻하게 보관 안 해 줬어. 11

개들이 아이를 살려 두지 않았어. 12

≫ 네가 내 책상을 비워 놓을 거야? 13

내 여자 친구가 자기 차를 깨끗하게 유지할까? 14

제인이 내 커피를 따뜻하게 보관해 줬어? 15

개들이 아이를 살려 뒀어? 16

5

구체화하기

새로 오는 사람을 위해서 내 책상을 비워 놓을 거야.
I'm going to keep my desk empty **for the newcomer**.*

내 남자 친구는 나를 위해서 자기 차를 깨끗하게 유지할 거야.
My boyfriend will keep his car clean **for my sake**.*

제이가 사랑하는 마음으로 내 커피를 따뜻하게 보관해 줬어.
Jay kept my coffee warm **out of love**.*

납치범들이 마지막까지 아이를 살려 뒀더군.
The kidnappers have kept the child alive **until the end**.

>

6

시간 말하기

난 오늘 오후까지는 책상을 비울 거야.
I'm going to keep my desk empty **by this afternoon**.

내 남자 친구는 이제부터 자기 차를 깨끗하게 유지할 거야.
My boyfriend will keep his car clean **from now on**.

제이가 쉬는 시간 동안 내 커피를 따뜻하게 보관해 줬어.
Jay kept my coffee warm **during break**.*

납치범들이 내내 아이를 살려 뒀더군.
The kidnappers have kept the child alive **the whole time**.

>

7

목적어 바꾸기

난 내 서랍을 비워 놓을 거야.
I'm going to keep **my drawer*** empty.

내 남자 친구는 자기 아파트를 깨끗하게 유지할 거야.
My boyfriend will keep **his apartment** clean.

제이가 내 손을 따뜻하게 해 줬어.
Jay kept **my hands** warm.

납치범들이 여자를 살려 뒀더군.
The kidnappers have kept **the woman** alive.

>

WORDS
- empty 비어 있는
- kidnapper 유괴범
- alive 살아 있는
- newcomer 신입자
- for sb's sake sb를 위해서
- out of love 사랑하는 마음에서
- break 휴식 시간
- drawer 서랍

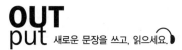
>> 새로 오는 사람을 위해서 네가 내 책상을 비워 놓을 거야.   17

내 여자 친구는 나를 위해서 자기 차를 깨끗하게 유지할 거야.   18

제인이 사랑하는 마음으로 내 커피를 따뜻하게 보관해 줬어.   19

개들이 아이를 마지막까지 살려 뒀어.   20

>> 네가 오늘 오후까지 내 책상을 비워 놓을 거야.   21

내 여자 친구는 이제부터 자기 차를 깨끗하게 유지할 거야.   22

제인이 쉬는 시간 동안 내 커피를 따뜻하게 보관해 줬어.   23

개들이 내내 아이를 살려 뒀더군.   24

>> 네가 내 서랍을 비워 놓을 거야.   25

내 여자 친구는 자기 아파트를 깨끗하게 유지할 거야.   26

제인이 내 손을 따뜻하게 해 줬어.   27

개들이 여자를 살려 뒀어.   28

ANSWERS

주어 01 You keep my desk empty. 02 My girlfriend keeps her car clean. 03 Jane keeps my coffee warm. 04 The dogs keep the child alive. 시제 05 You're going to keep my desk empty. 06 My girlfriend will keep her car clean. 07 Jane kept my coffee warm. 08 The dogs have kept the child alive. 부정 09 You're not going to keep my desk empty. 10 My girlfriend won't keep her car clean. 11 Jane didn't keep my coffee warm. 12 The dogs haven't kept the child alive. 질문 13 Are you going to keep my desk empty? 14 Will my girlfriend keep her car clean? 15 Did Jane keep my coffee warm? 16 Have the dogs kept the child alive? 구체화 17 You're going to keep my desk empty for the newcomer. 18 My girlfriend will keep her car clean for my sake. 19 Jane kept my coffee warm out of love. 20 The dogs have kept the child alive until the end. 시간 21 You're going to keep my desk empty by this afternoon. 22 My girlfriend will keep her car clean from now on. 23 Jane kept my coffee warm during break. 24 The dogs have kept the child alive the whole time. 목적어 25 You're going to keep my drawer empty. 26 My girlfriend will keep her apartment clean. 27 Jane kept my hands warm. 28 The dogs have kept the woman alive.

의무 말하기

새로 오는 사람을 위해서 내 책상을 비워 놓아야지.
I should keep my desk empty for the newcomer.

내 남자 친구는 나를 위해서 자기 차를 깨끗하게 해놓아야 해.
My boyfriend should keep his car clean for my sake.

제이가 사랑하는 마음으로 내 커피를 따뜻하게 보관해 줘야지.
Jay should keep my coffee warm out of love.

납치범들은 마지막까지 아이를 살려 둬야만 해.
The kidnappers should keep the child alive until the end.

• should keep은 의무적으로 그렇게 '유지해야 한다'는 뜻이에요.

생각 묻기

새로 오는 사람을 위해서 내가 책상을 비워 놓을 거라고 생각 안 해?
Don't you think I'm going to keep my desk empty for the newcomer?

내 남자 친구가 나를 위해 차를 깨끗이 유지할 거라고 생각하지 않아?
Don't you think my boyfriend will keep his car clean for my sake?

제이가 사랑하는 마음으로 내 커피를 따뜻하게 보관해 줬다고 생각하지 않아?
Don't you think Jay kept my coffee warm out of love?

납치범들이 마지막까지 아이를 살려 뒀을 거라고 생각하지 않아?
Don't you think the kidnappers have kept the child alive until the end?

기간 묻기

새로 오는 사람을 위해서 얼마 동안이나 제 책상을 비워 놓을까요?
How long am I going to keep my desk empty for the newcomer?

내 남자 친구는 나를 위해서 얼마 동안이나 차를 깨끗하게 유지할까?
How long will my boyfriend keep his car clean for my sake?

제이는 사랑하는 마음으로 얼마 동안이나 내 커피를 따뜻하게 보관했던 거야?
How long did Jay keep my coffee warm out of love?

납치범들이 얼마 동안이나 아이를 살려 뒀어?
How long have the kidnappers kept the child alive?

Sally saw him cheat on his wife.

샐리가 그 남자 바람 피우는 걸 봤어.

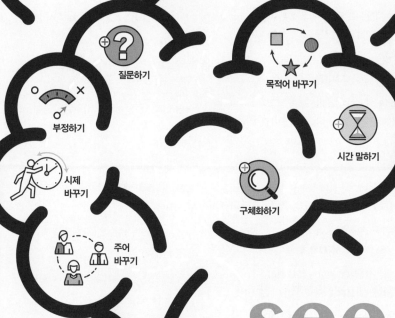

질문하기

목적어 바꾸기

부정하기

시간 말하기

시제 바꾸기

구체화하기

주어 바꾸기

see 보다

see는 목격자예요. 주어를 통해서 목적어가 뭘 하는지를 다 보죠. '액션'은 목적어가 하는 행동이고 형태는 동사원형이라는 게 중요합니다. 주어는 그저 보기만 한다는 것, 헷갈리지 마세요.

1

주어 바꾸기

나는 테일러가 연주하는 걸 본다.
I see Taylor play.*

그 여자가 우는 걸 모두가 보잖아.
Everyone sees her cry.

샐리는 그 남자가 속이는 걸 본다.
Sally sees him cheat.*

그의 직원은 그가 일하는 걸 본다.
His staff sees him work.

2

시제 바꾸기

난 데일러가 연주하는 걸 볼 거야.
I'm going to see Taylor play.

그 여자가 우는 걸 모두가 볼 텐데.
Everyone **will see** her cry.

샐리는 그 남자가 속이는 걸 봤어.
Sally **saw** him cheat.

그의 직원은 그가 일하는 걸 본 적 있지.
His staff **has seen** him work.

3

부정하기

난 테일러가 연주하는 거 안 볼 거야.
I'm **not** going to see Taylor play.

모두가 그 여자 우는 걸 보는 건 아닐 거야.
Everyone **won't** see her cry.

샐리는 그 남자가 속이는 걸 못 봤어.
Sally **didn't** see him cheat.

그의 직원은 그가 일하는 걸 본 적이 없어.
His staff **hasn't** seen him work.

4

질문하기

나 테일러가 연주하는 거 보는 거야?
Am I going to see Taylor play?

모두가 그 여자 우는 걸 보게 될까?
Will everyone see her cry?

샐리는 그 남자가 속이는 걸 봤어?
Did Sally see him cheat?

그의 직원이 그가 일하는 걸 본 적 있나?
Has his staff seen him work?

≫ 너는 테일러가 연주하는 걸 본다. 01

그 여자가 우는 걸 누군가 보잖아. 02

크리스는 그 남자가 속이는 걸 본다. 03

그의 룸메이트들은 그가 일하는 걸 본다. (roommate) 04

≫ 넌 테일러가 연주하는 걸 보게 될 거야. 05

그 여자가 우는 걸 누군가 볼 텐데. 06

크리스는 그 남자가 속이는 걸 봤어. 07

그의 룸메이트들은 그가 일하는 걸 본 적 있지. 08

≫ 넌 테일러가 연주하는 걸 안 보게 될 거야. 09

그 여자가 우는 걸 누군가 보지 않을 거야. 10

크리스는 그 남자가 속이는 걸 못 봤어. 11

그의 룸메이트들은 그가 일하는 걸 본 적 없지. 12

≫ 너 테일러 연주하는 거 볼 거야? 13

그 여자가 우는 걸 누군가 볼까? 14

크리스는 그 남자가 속이는 걸 봤어? 15

그의 룸메이트들은 그가 일하는 거 본 적 있어? 16

5

구체화하기

난 테일러가 콘서트에서 연주하는 걸 볼 거야.
I'm going to see Taylor play **at the concert**.

대중 앞에서 그 여자가 우는 걸 모두가 볼 텐데.
Everyone will see her cry **in public.***

샐리는 그 남자가 바람 피우는 걸 봤어.
Sally saw him cheat **on* his wife**.

그의 직원은 그가 열심히 일하는 걸 본 적 있지.
His staff has seen him work **hard**.

>

6

시간 말하기

난 오늘 밤 테일러가 연주하는 걸 볼 거야.
I'm going to see Taylor play **tonight**.

곧 모두가 그 여자 우는 걸 볼 텐데.
Everyone will see her cry **soon**.

샐리는 그 남자가 어제 속이는 걸 봤어.
Sally saw him cheat **yesterday**.

그의 직원은 그가 매일 밤 일하는 걸 봤어.
His staff has seen him work **every night**.

>

7

목적어 바꾸기

난 네가 연주하는 걸 볼 거야.
I'm going to see **you** play.

모두가 내가 우는 걸 볼 텐데.
Everyone will see **me** cry.

샐리는 그 여자가 속이는 걸 봤어.
Sally saw **her** cheat.

그의 직원은 그 여자가 일하는 걸 본 적 있지.
His staff has seen **her** work.

>

WORDS

* play 악기를 연주하다
* cheat 속이다, 사기를 치다
* in public 사람들이 있는 데서
* cheat on (~를 두고) 바람을 피우다

≫ 넌 테일러가 콘서트에서 연주하는 걸 보게 될 거야.　17

그 여자가 대중 앞에서 우는 걸 누군가 볼 텐데.　18

크리스는 그 남자가 바람 피우는 걸 봤어.　19

그의 룸메이트들은 그가 열심히 일하는 걸 본 적 있지.　20

≫ 넌 테일러가 연주하는 걸 오늘 밤에 보게 될 거야.　21

그 여자 우는 걸 곧 누군가 볼 텐데.　22

크리스는 그 남자가 어제 속이는 걸 봤어.　23

그의 룸메이트들은 그가 매일 밤 일하는 걸 본 적 있지.　24

≫ 넌 마크가 연주하는 걸 보게 될 거야.　25

누군가 내가 우는 걸 볼 텐데.　26

크리스는 그 여자가 속이는 걸 봤어.　27

그의 룸메이트들이 그 여자가 일하는 걸 본 적 있지.　28

ANSWERS

주어 01 You see Taylor play.　02 Someone sees her cry.　03 Chris sees him cheat.　04 His roommates see him work.　시제 05 You're going to see Taylor play.　06 Someone will see her cry.　07 Chris saw him cheat.　08 His roommates have seen him work.　부정 09 You're not going to see Taylor play.　10 Someone won't see her cry.　11 Chris didn't see him cheat.　12 His roommates haven't seen him work.　질문 13 Are you going to see Taylor play?　14 Will someone see her cry?　15 Did Chris see him cheat?　16 Have his roommates seen him work?　구체화 17 You're going to see Taylor play at the concert.　18 Someone will see her cry in public.　19 Chris saw him cheat on his wife.　20 His roommates have seen him work hard.　시간 21 You're going to see Taylor play tonight.　22 Someone will see her cry soon.　23 Chris saw him cheat yesterday.　24 His roommates have seen him work every night.　목적어 25 You're going to see Mark play.　26 Someone will see me cry.　27 Chris saw her cheat.　28 His roommates have seen her work.

앞서 배운 내용을 응용하면 아래처럼 멋지게 말할 수 있게 됩니다. 음원을 듣고 따라 읽어보세요.

확신하기 1

명백한 건 나는 테일러가 콘서트에서 연주하는 걸 볼 거라는 거지.
It's obvious[*] I'm going to see Taylor play at the concert.

대중 앞에서 그 여자가 우는 걸 모두가 볼 게 뻔한데.
It's obvious everyone will see her cry in public.

명백한 건 그 남자가 바람 피우는 걸 샐리가 봤다는 거야.
It's obvious Sally saw him cheat on his wife.

그의 직원이 그가 열심히 일하는 걸 본 적 있다는 건 명백하지.
It's obvious his staff has seen him work hard.

• obvious 명백한, 확실한

확신하기 2

난 콘서트에서 테일러가 연주하는 걸 확실히 볼 거야.
I'm going to see Taylor play at the concert for sure.

대중 앞에서 그 여자가 우는 걸 분명 모두가 볼 텐데.
Everyone will see her cry in public for sure.

샐리는 그 남자가 바람 피우는 걸 분명히 봤어.
Sally saw him cheat on his wife for sure.

그의 직원이 그가 열심히 일하는 걸 분명히 본 적이 있지.
His staff has seen him work hard for sure.

추측하기

테일러가 콘서트에서 연주하는 거 나는 볼 것 같은데.
It looks like I'm going to see Taylor play at the concert.

그 여자가 대중 앞에서 우는 걸 모두가 볼 것 같아.
It looks like everyone will see her cry in public.

샐리는 그 남자가 바람 피우는 걸 봤을 것 같은데.
It looks like Sally saw him cheat on his wife.

그의 직원이 그가 열심히 일하는 걸 본 적 있는 것 같아.
It looks like his staff has seen him work hard.

• It looks like은 우리말로 '~할 것 같아요' 정도로 해석할 수 있어요.

My friend found the book interesting unlike you.
너랑 다르게 내 친구는 그 책이 흥미롭다 하던데.

질문하기

목적어 바꾸기

부정하기

시간 말하기

시제 바꾸기

구체화하기

주어 바꾸기

find
발견하다

find는 몰랐던 걸 발견할 때 잘 쓰는 말이에요. 다른 동사는 단순 현재형으로 쓰는 일이 별로 없는데 find는 내가 현재 발견한 걸 말하기 위해서 현재형으로 잘 쓰는 편이죠. 목적어가 '어떻다'는 것을 말할 때 '어떻다' 자리에는 그냥 형용사도 좋고, 'to+be+형용사'도 좋습니다.

1

주어 바꾸기

난 그 사람이(그가) 매력적이더라.
I find him attractive.*

짐은 그 방이 비어 있는 걸 안다.
Jim finds the room empty.

내 친구가 그 책 흥미롭다 하던데.
My friend finds the book interesting.

사람들은 새로 온 비서가 짜증이 난다.
They* find the new secretary to be annoying.*

>

2

시제 바꾸기

난 그 사람 매력적이더라.
I find him attractive.

짐이 그 방 비어 있는 걸 알게 될 거야.
Jim will find the room empty.

내 친구는 그 책을 흥미롭다 했어.
My friend found the book interesting.

사람들은 새로 온 비서가 짜증이 난다고 하더라.
They've found the new secretary to be annoying.

find는 현재형으로
많이 써요.

>

3

부정하기

난 그 사람 매력적인 거 모르겠더라.
I don't find him attractive.

짐은 그 방이 비어 있는 거 모를 거야.
Jim won't find the room empty.

내 친구는 그 책이 재미없었대.
My friend didn't find the book interesting.

사람들은 새로 온 비서가 짜증이 난다고 하지 않던데.
They haven't found the new secretary to be annoying.

>

4

질문하기

나한테 그 사람이 매력적이냐고?
Do I find him attractive?

짐이 그 방이 비어 있는걸 알게 될까?
Will Jim find the room empty?

내 친구가 그 책 재미있대?
Did my friend find the book interesting?

사람들은 새로 온 비서가 짜증이 난대?
Have they found the new secretary to be annoying?

>

≫ 넌 그를 매력적이라 보는구나.   01

케이트는 그 방이 비어 있는 걸 안다. (Kate)   02

내(우리) 딸은 그 책을 흥미로워한다. (daughter)   03

우리는 새로 온 비서가 짜증이 나.   04

≫ 넌 그를 매력적이라 보는구나.   05

케이트가 그 방 비어 있는 걸 알게 될 거야.   06

우리 딸은 그 책을 흥미롭다고 했어.   07

우리는 새로 온 비서가 짜증이 났어.   08

≫ 넌 그가 매력적이지 않구나.   09

케이트는 그 방이 비어 있는 걸 모를 거야.   10

우리 딸은 그 책이 재미없었대.   11

우리는 새로 온 비서가 짜증나지 않던데.   12

≫ 너한테는 그가 매력적이니?   13

케이트는 그 방이 비어 있는 걸 알게 될까?   14

우리 딸이 그 책 재밌었대?   15

우리는 새로 온 비서에 짜증이 났나?   16

5

구체화하기

난 어떤 면에서는 그 사람이 매력적이더라.
I find him attractive in a way.*

그때가 되면 짐이 그 방이 비어 있는 걸 알게 될 거야.
Jim will find the room empty by then.*

너랑 다르게 내 친구는 그 책이 흥미로웠대.
My friend found the book interesting unlike you.

안타깝게도 사람들은 새로 온 비서가 짜증이 난대.
They've found the new secretary to be annoying, unfortunately.*

6

시간 말하기

난 요새 그 사람이 매력적이더라.
I find him attractive these days.

짐은 내일 아침에 그 방이 비어 있는 걸 알게 될 거야.
Jim will find the room empty tomorrow morning.

내 친구가 지난 학기에 그 책을 흥미롭다고 했어.
My friend found the book interesting last semester.*

사람들은 새로 온 비서가 아직까지 짜증이 난다고 하더라.
They've found the new secretary to be annoying so far.

7

목적어 바꾸기

난 그 여자가 매력적이더라.
I find her attractive.

짐은 그 사무실이 비어 있는 걸 알게 될 거야.
Jim will find the office empty.

내 친구는 그 영화가 흥미롭다고 했어.
My friend found the movie interesting.

사람들은 새로 온 상사가 짜증이 난다고 하더라.
They've found the new boss to be annoying.

WORDS

- attractive 매력적인
- they (일반) 사람들
- annoying 짜증스러운
- in a way 어느 정도는, 어떤 면에서는
- by then 그때까지는
- unfortunately 불행하게도, 안타깝게도
- semester 학기

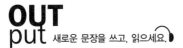
>> 너 어떤 면에서는 그를 매력적으로 보는구나.   17

그때가 되면 케이트가 그 방이 비어 있는 걸 알게 될 거야.   18

너랑 다르게 내(우리) 딸은 그 책이 흥미로웠대.   19

안타깝게도 우리는 새로 온 비서가 짜증이 나.   20

>> 너 요새 그를 매력적이라고 보는구나.   21

케이트가 내일 아침에 그 방이 비어 있는 걸 알게 될 거야.   22

우리 딸은 지난 학기에 그 책이 흥미로웠대.   23

우리는 아직까지 새로 온 비서가 짜증이 나.   24

>> 넌 그 여자를 매력적으로 보는구나.   25

케이트는 그 사무실이 비어 있는 걸 알게 될 거야.   26

우리 딸은 그 영화가 흥미로웠대.   27

우리는 새로 온 보스가 짜증이 났어.   28

ANSWERS

주어 01 You find him attractive.   02 Kate finds the room empty.   03 My daughter finds the book interesting.   04 We find the new secretary to be annoying.   시제 05 You find him attractive.   06 Kate will find the room empty.   07 My daughter found the book interesting.   08 We've found the new secretary to be annoying.   부정 09 You don't find him attractive.   10 Kate won't find the room empty.   11 My daughter didn't find the book interesting.   12 We haven't found the new secretary to be annoying.   질문 13 Do you find him attractive?   14 Will Kate find the room empty?   15 Did my daughter find the book interesting?   16 Have we found the new secretary to be annoying?   구체화 17 You find him attractive in a way.   18 Kate will find the room empty by then.   19 My daughter found the book interesting unlike you.   20 We've found the new secretary to be annoying, unfortunately.   시간 21 You find him attractive these days.   22 Kate will find the room empty tomorrow morning.   23 My daughter found the book interesting last semester.   24 We've found the new secretary to be annoying so far.   목적어 25 You find her attractive.   26 Kate will find the office empty.   27 My daughter found the movie interesting.   28 We've found the new boss to be annoying.

앞서 배운 내용을 응용하면 아래처럼 멋지게 말할 수 있게 됩니다. 음원을 듣고 따라 읽어보세요.

불확실성 말하기

난 그 사람이 매력적인지 어떤지 잘 모르겠더라.
I'm not sure if I find him attractive.

그 방이 비어 있는 걸 짐이 알게 될지 어떨지 잘 모르겠네.
I'm not sure if Jim will find the room empty.

내 친구가 그 책을 흥미롭다고 했는지 어떤지 잘 모르겠어.
I'm not sure if my friend found the book interesting.

사람들이 새로 온 비서를 짜증이 난다고 했는지 어떤지 난 잘 모르겠어.
I'm not sure if they've found the new secretary to be annoying.

• I'm not sure if를 붙이면 '그런지 어떤지 잘 모르겠어'라는 표현이 돼요.

솔직히 말하기

솔직히 말해서 그 사람은 어떤 면에서는 매력적이야.
I find him attractive in a way, to be honest with you.

솔직히 말하면 짐은 그 방이 비어 있는 걸 그때까지는 알게 될 거야.
Jim will find the room empty by then, to be honest with you.

솔직히 말해서 너랑 다르게 내 친구는 그 책이 흥미롭다고 했어.
To be honest with you, my friend found the book interesting unlike you.

솔직히 말하자면, 안타깝게도 사람들은 새로 온 비서가 짜증이 난다고 하더라.
To be honest with you, they've found the new secretary to be annoying, unfortunately.

• to be honest with you는 '솔직히 말해서'라는 뜻으로 문장 앞이나 뒤에 붙일 수 있어요.

부사로 꾸미기

그 사람은 어떤 면에서는 끝내주게 매력적이더라.
I find him extremely* attractive in a way.

짐은 그 방이 완전히 비어 있다는 걸 그때까지는 알게 될 거야.
Jim will find the room totally* empty by then.

너랑 다르게 내 친구는 그 책이 정말 흥미롭다고 했어.
My friend found the book really interesting unlike you.

사람들은 새로 온 비서가 정말 짜증이 난다고 하더라.
They've found the new secretary to be incredibly* annoying.

• extremely 극도로 totally 완전히 incredibly 믿을 수 없을 정도로, 엄청나게

You leave her alone.

너 그 여자 좀 내버려 둬.

질문하기

목적어 바꾸기

부정하기

시간 말하기

시제 바꾸기

구체화하기

주어 바꾸기

leave

그대로 두다

leave가 5형식에서 '내버려 두다'라는 뜻으로 쓰이는 경우를 알아보겠습니다. 이때는 주어 없이 명령문에 많이 쓰여요. 목적어가 뭘 하든지 주어는 그냥 내버려 두는 거지요. 과거형이나 과거분사형이 left로 변하는 것만 조심하시면 되고요. 의문문을 만들 때는 do나 did를 쓸 수도 있지만, 주어가 you일 때는 'Will you leave+목적어+목적어의 상태?' 식으로 쓰는 게 자연스러워요.

1

주어 바꾸기

너 날 좀 내버려 둬.
You leave me alone.

탐이 문을 열어 둔다.
Tom leaves the door open.

우리 엄마가 냄비를 타게 내버려 두신다.
My mom leaves the pot burning.*

너의 애들이 개를 밖에 둔다.
Your kids leave the dog outside.

>

2

시제 바꾸기

너 날 좀 내버려 둬.
You leave me alone.

탐이 문을 열어 둘 거야.
Tom **will leave** the door open.

우리 엄마가 냄비를 타게 내버려 두셨어.
My mom **left** the pot burning.

너의 애들이 개를 밖에 뒀어.
Your kids **have left** the dog outside.

>

leave는 현재 시제로 많이
쓰기 때문에 1 공정 기본 문장이
한 번 더 왔어요.

3

부정하기

넌 날 내버려 두지 않는 구나.
You **don't** leave me alone.

탐은 문을 열어 두지 않을 거야.
Tom **won't** leave the door open.

우리 엄마는 냄비를 타도록 두지 않으셨어.
My mom **didn't** leave the pot burning.

너의 애들은 개를 밖에 둔 적 없어.
Your kids **haven't** left the dog outside.

>

4

질문하기

넌 날 좀 내버려 둘래?
Will you leave me alone?

탐이 문을 열어 둘까?
Will Tom leave the door open?

우리 엄마가 냄비를 타도록 내버려 두셨어?
Did my mom leave the pot burning?

너의 애들이 개를 밖에 둔 거야?
Have your kids left the dog outside?

>

leave의 경우
주어가 you일 때 의문문은
do나 did보다 주로 will을 써요.

≫ 나는 널 내버려 둔다. 01

티나가 문을 열어 둔다. (Tina) 02

내(우리) 아빠가 냄비를 타게 내버려 두신다. 03

너의 아들들이 개를 밖에 둔다. 04

≫ 난 널 내버려 두지. 05

티나가 문을 열어 둘 거야. 06

우리 아빠가 냄비를 타게 내버려 두셨어. 07

너의 아들들이 개를 밖에 뒀어. 08

≫ 난 널 안 내버려 두지. 09

티나는 문을 열어 두지 않을 거야. 10

우리 아빠가 냄비를 타도록 두지 않으셨어. 11

너의 아들들은 개를 밖에 둔 적 없어. 12

≫ 내가 널 내버려 둘까? 13

티나가 문을 열어 둘까? 14

우리 아빠가 냄비를 타도록 내버려 두셨어? 15

너의 아들들이 개를 밖에 놔 둔 거야? 16

5

구체화하기

넌 그 문제에 관해서는 날 좀 내버려 둬.
You leave me alone **about that matter**.

탐이 널 위해서 문을 열어 둘 거야.
Tom will leave the door open **for you**.

우리 엄마가 생각 없이 냄비를 타도록 내버려 두셨어.
My mom left the pot burning **without thinking**.

너의 애들이 일부러 개를 밖에 둔 거야.
Your kids have left the dog outside **intentionally**.*

6

시간 말하기

너 한동안 날 좀 내버려 둬.
You leave me alone for a while.

탐이 내일 아침에 문을 열어 둘 거야.
Tom will leave the door open tomorrow morning.

우리 엄마가 오늘 아침에 냄비를 타도록 내버려 두셨어.
My mom left the pot burning this morning.

너의 애들이 오후 내내 개를 밖에 둔 거야.
Your kids have left the dog outside all afternoon.

7

목적어 바꾸기

너 그 여자 좀 내버려 둬.
You leave **her** alone.

탐이 창문을 열어 둘 거야.
Tom will leave **the window** open.

우리 엄마가 국을 타도록 내버려 두셨어.
My mom left **the soup** burning.

너의 애들이 고양이를 밖에 둔 거야.
Your kids have left **the cat** outside.

WORDS
* burn 타오르다, 불에 타다
* intentionally 고의로

>> 난 그 문제에 관해서는 널 내버려 두지.　17

>> 티나가 널 위해서 문을 열어 둘 거야.　18

>> 내(우리) 아빠가 생각 없이 냄비를 타도록 내버려 두셨어.　19

>> 너의 아들들이 일부러 개를 밖에 둔 거야.　20

>> 난 한동안은 널 내버려 두지.　21

>> 티나가 내일 아침에 문을 열어 둘 거야.　22

>> 우리 아빠가 오늘 아침에 냄비를 타도록 내버려 두셨어.　23

>> 너의 아들들이 오후 내내 개를 밖에 둔 거야.　24

>> 난 그 여자를 내버려 두지.　25

>> 티나가 창문을 열어 둘 거야.　26

>> 우리 아빠가 국을 타도록 내버려 두셨어.　27

>> 너의 아들들이 고양이를 밖에 둔 거야.　28

ANSWERS

주어 01 I leave you alone.　02 Tina leaves the door open.　03 My dad leaves the pot burning.　04 Your sons leave the dog outside.　시제 05 I leave you alone.　06 Tina will leave the door open.　07 My dad left the pot burning.　08 Your sons have left the dog outside.　부정 09 I don't leave you alone.　10 Tina won't leave the door open.　11 My dad didn't leave the pot burning.　12 Your sons haven't left the dog outside.　질문 13 Will I leave you alone?　14 Will Tina leave the door open?　15 Did my dad leave the pot burning?　16 Have your sons left the dog outside?　구체화 17 I leave you alone about that matter.　18 Tina will leave the door open for you.　19 My dad left the pot burning without thinking.　20 Your sons have left the dog outside intentionally.　시간 21 I leave you alone for a while.　22 Tina will leave the door open tomorrow morning.　23 My dad left the pot burning this morning.　24 Your sons have left the dog outside all afternoon.　목적어 25 I leave her alone.　26 Tina will leave the window open.　27 My dad left the soup burning.　28 Your sons have left the cat outside.

앞서 배운 내용을 응용하면 아래처럼 멋지게 말할 수 있게 됩니다. 음원을 듣고 따라 읽어보세요.

강조하기

내가 진심으로 말하는데, 그 문제에 관해서는 나 좀 내버려 둬.
I'm telling you, you leave me alone about that matter.

내 말 들어, 탐이 널 위해서 문을 열어 둘 거라니까.
I'm telling you, Tom will leave the door open for you.

내 말 좀 들어 봐, 우리 엄마가 생각 없이 냄비를 타게 내버려 두셨어.
I'm telling you, my mom left the pot burning without thinking.

너희 애들이 일부러 개를 밖에 둔 거라고 내가 말하잖아.
I'm telling you, your kids have left the dog outside intentionally.

• I'm telling you는 현실에서 아주 자주 쓰는 말로, '진짜니까 내 말 좀 들어봐'라는 뜻이에요.

제안하기

그 문제에 관해서는 날 좀 내버려 두는 게 어때?
Why don't you leave me alone about that matter?

그 문 열어 두는 게 어때?
Why don't you leave the door open?

냄비를 타게 두는 게 어때?
Why don't you leave the pot burning?

개를 밖에 두는 게 어때?
Why don't you leave the dog outside?

책망하기

넌 어떻게 그 문제에 관해 나를 내버려 둘 수 있니?
How could you leave me alone about that matter?

넌 어떻게 그 문을 열어 둘 수가 있니?
How could you leave the door open?

어떻게 넌 생각 없이 냄비를 타게 둘 수가 있니?
How could you leave the pot burning without thinking?

어떻게 넌 개를 일부러 밖에 둘 수가 있니?
How could you leave the dog outside intentionally?

• How could you는 '너 어떻게 그럴 수가 있냐'고 상대를 비난하는 말이에요.

They call her "a Queen" everywhere.

사람들이 모든 곳에서 그녀를 '여왕'이라고 불러.

질문하기

부정하기

장소 말하기

시간 말하기

시제 바꾸기

구체화하기

주어 바꾸기

call 부르다

call은 사람의 이름을 부르는 동사입니다. 어떤 이름인지는 '사람' 목적어 다음에 곧장 나오지요. 그 이름이 특이하거나 강조하고 싶으면 따옴표를 써요. 배우들이 영화에서 두 손가락으로 따옴표 제스처를 하는 걸 본 적 있으시죠? 이렇게든 저렇게든 좋으니 call로 불러만 주시죠~!

1

주어 바꾸기

난 그를 도둑이라고 불러.
I call him a thief.

그녀는 나를 허니라고 부르지.
She calls me Honey.

내 전남편은 나를 베이비라고 불러.
My ex-husband*calls me Baby.

사람들은 그녀를 '여왕'이라고 불러.
They call her "a Queen".

> Honey와 Baby는 불리는
> '이름'이라서 대문자로 써요.

2

시제 바꾸기

난 그를 도둑이라고 부를 거야.
I will call him a thief.

그녀가 나를 허니라고 부르고 있네.
She is calling me Honey.

내 전남편이 나를 베이비라고 불렀지.
My ex-husband called me Baby.

사람들이 그녀를 '여왕'이라고 불러.
They call her "a Queen".

> 현재 시제를 보여줄
> 거라서 1공정 주어 바꾸기와
> 문장이 똑같아요.

3

부정하기

난 그를 도둑이라고 부르지 않겠어.
I won't call him a thief.

그녀가 나를 허니라고 부르지 않고 있어.
She isn't calling me Honey.

내 전남편은 나를 베이비라고 부르지 않았어.
My ex-husband didn't call me Baby.

사람들은 그녀를 '여왕'이라고 부르지 않아.
They don't call her "a Queen".

4

질문하기

내가 그를 도둑이라고 부를까?
Will I call him a thief?

그녀가 나를 허니라고 부르고 있는 거야?
Is she calling me Honey?

내 전남편이 나를 베이비라고 불렀나?
Did my ex-husband call me Baby?

사람들이 그녀를 '여왕'이라고 불러?
Do they call her "a Queen"?

≫ 넌 그를 도둑이라고 불러. 01

그는 나를 허니라고 부르지. 02

내 전부인은 나를 베이비라고 불러. 03

우리는 그녀를 '여왕'이라고 불러. 04

≫ 넌 그를 도둑이라고 하겠네. 05

그가 나를 허니라고 부르고 있네. 06

내 전부인은 나를 베이비라고 불렀지. 07

우리는 그녀를 여왕이라고 불러. 08

≫ 넌 그를 도둑이라고 부르지 않을 거야. 09

그가 나를 허니라고 부르지 않고 있어. 10

내 전부인은 나를 베이비라고 부르지 않았어. 11

우리는 그녀를 '여왕'이라고 부르지 않아. 12

≫ 넌 그를 도둑이라고 부를 거야? 13

그가 나를 허니라고 부르고 있는 거야? 14

내 전부인이 나를 베이비라고 불렀나? 15

우리가 그녀를 '여왕'이라고 불러? 16

5

구체화하기

그의 행동들 때문에 난 그를 도둑이라고 부를 거야.
I will call him a thief **for his actions**.

갑자기 그녀가 나를 허니라고 부르고 있네.
She is calling me Honey, **all of sudden**.

내 전남편이 항상 나를 베이비라고 불렀지.
My ex-husband called me Baby **all the time**.

그녀의 태도 때문에 사람들이 그녀를 '여왕'이라고 불러.
They call her "a Queen" **because of her attitude**.*

>

6

시간 말하기

좀 있으면 난 그를 도둑이라고 부를 거야.
I will call him a thief **pretty soon**.

지금 그녀가 나를 허니라고 부르고 있네.
She is calling me Honey **right now**.

내 전남편이 과거에 날 베이비라고 불렀지.
My ex-husband called me Baby **in the past**.

요새 사람들이 그녀를 '여왕'이라고 불러.
They call her "a Queen" **these days**.

>

7

장소 말하기

경찰서에서 난 그를 도둑이라고 할 거야.
I will call him a thief **at the police station**.

밖에서 그녀가 나를 허니라고 부르고 있네.
She is calling me Honey **outside**.

내 전남편은 집에서 나를 베이비라고 불렀지.
My ex-husband called me Baby **at home**.

사람들이 모든 곳에서 그녀를 '여왕'이라고 불러.
They call her "a Queen" **everywhere**.

>

WORDS

* ex-husband 전남편(ex는 '전(前)'이라는 뜻)
* attitude 태도, 자세

OUT put 새로운 문장을 쓰고, 읽으세요.

>> 그의 행동들 때문에 넌 그를 도둑이라고 하겠구나.　17

갑자기 그가 나를 허니라고 부르고 있네.　18

내 전부인이 항상 나를 베이비라고 불렀지.　19

그녀의 태도 때문에 우린 그녀를 '여왕'이라고 불러.　20

>> 곧 너는 그를 도둑이라고 부르겠네.　21

지금 그가 나를 허니라고 부르고 있네.　22

내 전부인이 과거에 나를 베이비라고 불렀지.　23

요새 우린 그녀를 '여왕'이라고 불러.　24

>> 경찰서에서 넌 그를 도둑이라고 하겠구나.　25

밖에서 그가 나를 허니라고 부르고 있네.　26

내 전부인은 집에서 나를 베이비라고 불렀어.　27

우린 모든 곳에서 그녀를 '여왕'이라고 불러.　28

ANSWERS

주어 01 You call him a thief. 02 He calls me Honey. 03 My ex-wife calls me Baby. 04 We call her "a Queen". 시제 05 You will call him a thief. 06 He is calling me Honey. 07 My ex-wife called me Baby. 08 We call her "a Queen". 부정 09 You won't call him a thief. 10 He isn't calling me Honey. 11 My ex-wife didn't call me Baby. 12 We don't call her "a Queen". 질문 13 Will you call him a thief? 14 Is he calling me Honey? 15 Did my ex-wife call me Baby? 16 Do we call her "a Queen"? 구체화 17 You will call him a thief for his actions. 18 He is calling me Honey, all of sudden. 19 My ex-wife called me Baby all the time. 20 We call her "a Queen" because of her attitude. 시간 21 You will call him a thief pretty soon. 22 He is calling me Honey right now. 23 My ex-wife called me Baby in the past. 24 We call her "a Queen" these days. 장소 25 You will call him a thief at the police station. 26 He is calling me Honey outside. 27 My ex-wife called me Baby at home. 28 We call her "a Queen" everywhere.

앞서 배운 내용을 응용하면 아래처럼 멋지게 말할 수 있게 됩니다. 음원을 듣고 따라 읽어보세요.

목적어 바꾸기

그의 행동들 때문에 난 존을 도둑이라고 부를 거야.
I will call John a thief for his actions.

갑자기 그녀가 남편을 허니라고 부르고 있네.
She is calling her husband Honey, all of sudden.

내 전남편이 항상 그 개를 베이비라고 불렀지.
My ex-husband called the dog Baby all the time.

그녀의 태도 때문에 사람들이 그 여배우를 '여왕'이라고 불러.
They call the actress "a Queen" because of her attitude.

이유 묻기

왜 내가 그 남자를 도둑이라고 부르겠어?
Why will I call him a thief?

그녀가 왜 나를 허니라고 부르고 있는 거니?
Why is she calling me Honey?

내 전남편은 왜 나를 베이비라고 불렀을까?
Why did my ex-husband call me Baby?

왜 사람들이 그녀를 '여왕'이라고 불러?
Why do they call her "a Queen"?

과거 말하기

그의 행동들 때문에 예전에 내가 그 남자를 도둑이라고 불렀어.
I used to call him a thief for his actions.

예전에는 그녀가 나를 허니라고 불렀어.
She used to call me Honey.

내 전남편이 예전에 항상 나를 베이비라고 불렀지.
My ex-husband used to call me Baby all the time.

그녀의 태도 때문에 사람들이 예전에는 그녀를 '여왕'이라고 불렀어.
They used to call her "a Queen" because of her attitude.

The politicians are making me mad.
정치인들이 날 화나게 하고 있어.

질문하기

장소 말하기

부정하기

시간 말하기

시제
바꾸기

구체화하기

주어
바꾸기

make
만들다

make는 5형식일 때 목적보어를 써서 그 목적어가 어떤 상태인지 설명할 수 있어요. 명사, 형용사, 동사 전부 다 목적보어로 쓰여서 주어가 목적어의 상태를 어떻게 만들었는지를 말해 주는 거죠. 목적어 한 덩어리(명사나 목적격)에 목적보어 한 덩어리(명사, 형용사, 동사)가 따라온다고 심플하게 생각하세요.

1

주어 바꾸기

내가 그 여자를 내 여자 친구로 만든다.
I make her my girlfriend.

그 영화는 그 사람을 울게 해.
The movie makes him cry.

가족이 우리를 행복하게 만들지.
Family makes us happy.

정치인들이 날 화나게 해.
The politicians make me mad.

>

2

시제 바꾸기

난 그 여자를 내 여자 친구로 만들 거야.
I'm going to make her my girlfriend.

그 영화가 그 사람을 울게 만들었어.
The movie made him cry.

가족이 우리를 행복하게 만들지.
Family makes us happy.

정치인들이 날 화나게 하고 있어.
The politicians are making me mad.

>

3

부정하기

난 그 여자를 내 여자 친구로 만들지 않을 거야.
I'm not going to make her my girlfriend.

그 영화는 그 사람을 울게 하지 않았어.
The movie didn't make him cry.

가족이 우리를 행복하게 만들지 않아.
Family doesn't make us happy.

정치인들이 날 화나게 하는 게 아니야.
The politicians aren't making me mad.

>

4

질문하기

내가 그 여자를 내 여자 친구로 만들까?
Am I going to make her my girlfriend?

그 영화가 그 사람을 울게 했어?
Did the movie make him cry?

가족이 우리를 행복하게 만드나?
Does family make us happy?

정치인들이 날 화나게 만들고 있나?
Are the politicians making me mad?

>

문장의 뜻은 어색하지만,
기본 문장을 의문문으로
바꾸는 연습을 해 보세요.

≫ 네가 그 여자를 네 여자 친구로 만든다.   01

그 노래는 그를 울게 만들어.   02

돈이 우리를 행복하게 만들지.   03

비평가*들이 날 화나게 해. (critic)   04

≫ 넌 그 여자를 네 여자 친구로 만들 거야.   05

그 노래가 그를 울게 만들었어.   06

돈이 우리를 행복하게 만들지.   07

비평가들이 날 화나게 하고 있어.   08

≫ 넌 그 여자를 네 여자 친구로 만들지 않을 거야.   09

그 노래가 그를 울게 하지 않았어.   10

돈이 우리를 행복하게 만드는 건 아니야.   11

비평가들이 날 화나게 하는 게 아니야.   12

≫ 너 그 여자를 네 여자 친구로 만들 거야?   13

그 노래가 그를 울게 했어?   14

돈이 우리를 행복하게 만드나?   15

비평가들이 날 화나게 만들고 있나?   16

5

구체화하기

난 그 여자를 공식적으로 내 여자 친구로 만들 거야.
I'm going to make her my girlfriend **officially**.*

예상외로 그 영화가 그 사람을 울게 만들었어.
The movie made him cry **unexpectedly**.

인생에서 가족이 우리를 행복하게 만들지.
Family makes us happy **in life**.

여러 가지 이유로 정치인들이 날 화나게 하고 있어.
The politicians are making me mad **for many reasons**.

>

6

시간 말하기

머지않아 내가 그 여자를 내 여자 친구로 만들 거야.
I'm going to make her my girlfriend before long.*

오늘 저녁에 그 영화가 그 사람을 울게 만들었어.
The movie made him cry this evening.

거의 항상 가족이 우리를 행복하게 만들지.
Family makes us happy almost always.

요즘 정치인들이 날 화나게 하고 있어.
The politicians are making me mad these days.

>

7

장소 말하기

난 학교에서 그 여자를 내 여자 친구로 만들 거야.
I'm going to make her my girlfriend **at school**.

그 영화가 그 사람을 극장에서 울게 만들었어.
The movie made him cry **at the theater**.

가족이 우리를 집에서 행복하게 만들어.
Family makes us happy **at home**.

정치인들이 모든 곳에서 날 화나게 하고 있어.
The politicians are making me mad **everywhere**.

>

WORDS

* critic 비평가
* officially 공식적으로, 정식으로
* before long 머지않아

≫ 네가 그 여자를 공식적으로 네 여자 친구로 만들 거야.　17

　그 노래는 예상외로 그를 울게 만들었어.　18

　인생에서 돈이 우리를 행복하게 만들지.　19

　여러 가지 이유로 비평가들이 날 화나게 하고 있어.　20

≫ 머지않아 네가 그 여자를 네 여자 친구로 만들 거야.　21

　오늘 저녁에 그 노래가 그를 울게 만들었어.　22

　거의 항상 돈이 우리를 행복하게 만들지.　23

　요즘 비평가들이 날 화나게 하고 있어.　24

≫ 학교에서 네가 그 여자를 네 여자 친구로 만들 거야.　25

　극장에서 그 노래가 그를 울게 했어.　26

　돈은 집에서 우리를 행복하게 만들지.　27

　모든 곳에서 비평가들이 날 화나게 하고 있어.　28

ANSWERS

주어 01 You make her your girlfriend.　02 The song makes him cry.　03 Money makes us happy.　04 The critics make me mad.　시제 05 You're going to make her your girlfriend.　06 The song made him cry.　07 Money makes us happy.　08 The critics are making me mad.　부정 09 You're not going to make her your girlfriend.　10 The song didn't make him cry.　11 Money doesn't make us happy.　12 The critics aren't making me mad.　질문 13 Are you going to make her your girlfriend?　14 Did the song make him cry?　15 Does money make us happy?　16 Are the critics making me mad?　구체화 17 You're going to make her your girlfriend officially.　18 The song made him cry unexpectedly.　19 Money makes us happy in life.　20 The critics are making me mad for many reasons.　시간 21 You're going to make her your girlfriend before long.　22 The song made him cry this evening.　23 Money makes us happy almost always.　24 The critics are making me mad these days.　장소 25 You're going to make her your girlfriend at school.　26 The song made him cry at the theater.　27 Money makes us happy at home.　28 The critics are making me mad everywhere.

앞서 배운 내용을 응용하면 아래처럼 멋지게 말할 수 있게 됩니다. 음원을 듣고 따라 읽어보세요.

더 구체적으로 말하기

어떻게든 난 그녀를 내 여자 친구로 만들 거야.
I'm going to make her my girlfriend no matter what.

사랑에 관한 그 영화가 그 사람을 울게 했어.
The movie about love made him cry.

결혼을 통해 만들어진 가족이 우리를 행복하게 하지.
Family from marriage makes us happy.

이 나라의 정치인들이 날 화나게 하고 있어.
The politicians in this country are making me mad.

믿거나 말거나

믿거나 말거나, 난 공식적으로 그녀를 내 여자 친구로 만들 거야.
Believe it or not, I'm going to make her my girlfriend officially.

믿거나 말거나인데, 뜻밖에도 그 영화가 그 사람을 울게 했어.
Believe it or not, the movie made him cry unexpectedly.

믿거나 말거나지만, 인생에서 가족이 우리를 행복하게 만들지.
Believe it or not, family makes us happy in life.

믿거나 말거나, 여러 가지 이유로 정치인들이 날 화나게 하고 있어.
Believe it or not, the politicians are making me mad
for many reasons.

방법 묻기

내가 어떻게 그녀를 내 여자 친구로 만들 거냐고?
How am I going to make her my girlfriend?

어떻게 그 영화는 그 사람을 울게 했지?
How did the movie make him cry?

어떻게 가족이 우리를 행복하게 만들어?
How does family make us happy?

정치인들이 어떻게 날 화나게 만들고 있을까?
How are the politicians making me mad?

**I don't expect you
to believe me.**

네가 날 믿어주길 기대하지 않아.

질문하기

장소 말하기

부정하기

시간 말하기

시제
바꾸기

구체화하기

주어
바꾸기

expect

기대하다

expect는 목적어에 대한 기대가 많아서 조금 부담스럽지만, 인생이란
다 기대로 이루어지는 것이니 쓸 일이 많은 동사죠. 기대의 내용은 꼭
'to+동사원형'이고요. 기대의 말을 하는 게 어려울 것 같지만 자꾸 쓰다
보면 저절로 그 구문이 나옵니다. 구조가 'expect+목적어+to부정사'
식으로 뻔하니까요.

1

주어 바꾸기

난 네가 날 믿어주길 기대해.
I expect you to believe me.

우리 엄마는 내가 그 사람하고 결혼하길 기대하신다.
My mother expects me to marry him.

그의 부인은 그가 집에 오길 기대해.
His wife expects him to come home.

너의 부모님은 네가 취업하기를 기대하셔.
Your parents expect you to get a job.

>

2

시제 바꾸기

난 네가 날 믿어주길 기대해.
I expect you to believe me.

우리 엄마는 내가 그 사람하고 결혼하길 기대하실 거야.
My mother will expect me to marry him.

그의 부인은 그가 집에 오길 기대하고 있어.
His wife is expecting him to come home.

너의 부모님은 네가 취업하기를 기대하셨어.
Your parents expected you to get a job.

>

현재 시제를 보여줄
거라서 1공정 주어 바꾸기와
문장이 똑같아요.

3

부정하기

난 네가 날 믿어주길 기대하지 않아.
I don't expect you to believe me.

우리 엄마는 내가 그 사람하고 결혼하길 기대하시지 않을 거야.
My mother won't expect me to marry him.

그의 부인은 그가 집에 오길 기대하고 있지 않아.
His wife isn't expecting him to come home.

너의 부모님은 네가 취업하기를 기대하지 않으셨어.
Your parents didn't expect you to get a job.

>

4

질문하기

난 네가 날 믿어주길 기대하나?
Do I expect you to believe me?

우리 엄마는 내가 그 사람하고 결혼하길 기대하실까?
Will my mother expect me to marry him?

그의 부인은 그가 집에 오길 기대하고 있어?
Is his wife expecting him to come home?

너의 부모님은 네가 취업하기를 기대하셨어?
Did your parents expect you to get a job?

>

≫ 넌 내가 널 믿어주길 기대한다.   01

내(우리) 아빠는 내가 그와 결혼하길 기대하셔.   02

그녀의 남편은 그녀가 집에 오길 기대해.   03

네 친구들은 네가 취업하기를 기대해.   04

≫ 넌 내가 널 믿어주길 기대하는구나.   05

우리 아빠는 내가 그와 결혼하길 기대하실 거야.   06

그녀의 남편은 그녀가 집에 오길 기대하고 있어.   07

네 친구들은 네가 취업하기를 기대했어.   08

≫ 넌 내가 널 믿어주길 기대하지 않잖아.   09

우리 아빠는 내가 그와 결혼하길 기대하시지 않을 거야.   10

그녀의 남편은 그녀가 집에 오길 기대하지 않고 있어.   11

네 친구들은 네가 취업하기를 기대하지 않았어.   12

≫ 넌 내가 널 믿어주길 기대해?   13

우리 아빠는 내가 그와 결혼하길 기대하실까?   14

그녀의 남편은 그녀가 집에 오길 기대하고 있어?   15

네 친구들은 네가 취업하기를 기대했어?   16

5 구체화하기

난 어떤 상황에서든지 네가 날 믿어주길 기대해.
I expect you to believe me no matter what. >

우리 엄마는 한치의 의심도 없이 내가 그 사람하고 결혼하길 기대하실 거야.
My mother will expect me to marry him without a doubt.

그의 부인은 그가 안전하게 집에 오길 기대하고 있어.
His wife is expecting him to come home safely.

너의 부모님은 네가 적절한 시기에 취업하기를 기대하셨어.
Your parents expected you to get a job at some point.

---

6 시간 말하기

난 이제부터 네가 날 믿어주길 기대해.
I expect you to believe me from now on.* >

우리 엄마는 가능하면 빨리 내가 그 사람하고 결혼하길 기대하실 거야.
My mother will expect me to marry him as soon as possible.

그의 부인은 그가 곧 집에 오길 기대하고 있어.
His wife is expecting him to come home sometime soon.

너의 부모님은 대학 졸업하고 네가 취업하기를 기대하셨어.
Your parents expected you to get a job after college.

---

7 장소 말하기

난 네가 내 보고서에 관해서 날 믿어주길 기대해.
I expect you to believe me in my report. >

우리 엄마는 내가 그 사람하고 호텔에서 결혼하길 기대하실 거야.
My mother will expect me to marry him at a hotel.

그의 부인은 그가 출장에서 집으로 오길 기대하고 있어.
His wife is expecting him to come home from the business trip.

너의 부모님은 네가 서울에서 취업하기를 기대하셨어.
Your parents expected you to get a job in Seoul.

WORDS

• from now on 앞으로는, 지금부터는

≫ 넌 내가 어떤 상황에서든지 널 믿어주길 기대하는구나.   17

내(우리) 아빠는 한치의 의심도 없이 내가 그와 결혼하길 기대하실 거야.   18

그녀의 남편은 그녀가 안전하게 집에 오길 기대하고 있어.   19

네 친구들은 네가 적절한 시기에 취업하기를 기대했어.   20

≫ 넌 이제부터 내가 널 믿어주길 기대하는구나.   21

우리 아빠는 가능하면 빨리 내가 그와 결혼하길 기대하실 거야.   22

그녀의 남편은 그녀가 곧 집에 오길 기대하고 있어.   23

네 친구들은 네가 대학 졸업하고 취업하기를 기대했어.   24

≫ 넌 내가 보고서에 대해 널 믿어주길 기대하는구나.   25

우리 아빠는 내가 그와 호텔에서 결혼하길 기대하실 거야.   26

그녀의 남편은 출장에서 그녀가 집으로 오길 기대하고 있어.   27

네 친구들은 네가 서울에서 취업하기를 기대했어.   28

ANSWERS

주어 01 You expect me to believe you. 02 My father expects me to marry him. 03 Her husband expects her to come home. 04 Your friends expect you to get a job. 시제 05 You expect me to believe you. 06 My father will expect me to marry him. 07 Her husband is expecting her to come home. 08 Your friends expected you to get a job. 부정 09 You don't expect me to believe you. 10 My father won't expect me to marry him. 11 Her husband isn't expecting her to come home. 12 Your friends didn't expect you to get a job. 질문 13 Do you expect me to believe you? 14 Will my father expect me to marry him? 15 Is her husband expecting her to come home? 16 Did your friends expect you to get a job? 구체화 17 You expect me to believe you no matter what. 18 My father will expect me to marry him without a doubt. 19 Her husband is expecting her to come home safely. 20 Your friends expected you to get a job at some point. 시간 21 You expect me to believe you from now on. 22 My father will expect me to marry him as soon as possible. 23 Her husband is expecting her to come home sometime soon. 24 Your friends expected you to get a job after college. 장소 25 You expect me to believe you in the report. 26 My father will expect me to marry him at a hotel. 27 Her husband is expecting her to come home from the business trip. 28 Your friends expected you to get a job in Seoul.

목적어 바꾸기

난 어떤 상황에서든지 내 남편이 날 믿어주길 기대해.
I expect my husband to believe me no matter what.

우리 엄마는 한치의 의심도 없이 내 여동생이 그 사람하고 결혼하길 기대하실 거야.
My mother will expect my sister to marry him without a doubt.

그의 부인은 아들이 안전하게 집에 오길 기대하고 있어.
His wife is expecting her son to come home safely.

너의 부모님은 적당한 때 사위가 취업하기를 기대하셨어.
Your parents expected their son-in-law to get a job
at some point.

막연한 시기 말하기

때가 되면, 네가 날 믿어주길 기대해.
When the time comes, I expect you to believe me.

우리 엄마는 때가 되면 내가 그 사람하고 결혼할 거라고 기대하실 거야.
My mother will expect me to marry him when the time comes.

그의 부인은 때가 되면 그가 집에 올 거라고 기대하고 있어.
His wife is expecting him to come home when the time comes.

너의 부모님은 때가 되면 네가 취업할 거라고 기대하셨어.
Your parents expected you to get a job when the time comes.

의도 묻기

내가 왜 네가 날 믿어주길 기대하겠니?
Why would I expect you to believe me?

우리 엄마가 왜 내가 그 사람하고 결혼하길 기대하시겠어?
Why would my mother expect me to marry him?

그의 부인이 왜 그가 집에 오길 기대하겠어?
Why would his wife expect him to come home?

너의 부모님이 왜 네가 취업하기를 기대하시겠니?
Why would your parents expect you to get a job?

**The company doesn't allow
me to take vacations.**
회사에서 내가 휴가 내는 것을 허락하지 않아.

질문하기

장소 말하기

부정하기

시간 말하기

시제
바꾸기

구체화하기

주어
바꾸기

allow

허락하다

allow는 마음이 좋아서 허락을 잘 해줍니다. 목적어가 하고 싶은 것은 무엇이건 다 받아주죠. 'allow+목적어+to동사원형'은 '목적어가 to부정사 하는 걸 허락해주다'라는 뜻입니다. 이건 아주 영어적인 고급 표현이니 이 공식을 잘 기억해 뒀다가 써먹으세요. 우리말로는 '～덕분에'로 의역하면 더 좋습니다.

1

주어 바꾸기

난 그가 나한테 전화하는 걸 허락해.
I allow him to call me.

회사는 내가 휴가 내는 것을 허락해.
The company allows me to take vacations.

내가 받은 교육 덕분에 직장을 구한 거야.
My education* allows me to get a job.

많은 친구들 덕분에 네가 인생을 즐기는 거지.
Many friends allow you to enjoy life.

직역하면 '교육이 나에게 직장을 얻게 허락하다'인데 어색하니까 '~덕분에 ~하다'라고 자연스럽게 해석하세요.

2

시제 바꾸기

그 사람이 나한테 전화하는 거 허락할게.
I'll allow him to call me.

회사는 내가 휴가 내는 것을 허락해.
The company **allows** me to take vacations.

내가 받은 교육 덕분에 직장을 구했지.
My education **allowed** me to get a job.

많은 친구들 덕분에 네가 인생을 즐겨왔던 거지.
Many friends have **allowed** you to enjoy life.

3

부정하기

난 그 사람이 나한테 전화하는 거 허락 안 할 거야.
I **won't** allow him to call me.

회사에서 내가 휴가 내는 것을 허락하지 않아.
The company **doesn't** allow me to take vacations.

내가 받은 교육은 직장을 구하게 해 주지 않았어.
My education **didn't** allow me to get a job.

많은 친구들 때문에 네가 인생을 즐기지 못한 거야.
Many friends **haven't** allowed you to enjoy life.

4

질문하기

나 그 사람이 나한테 전화하는 거 허락할까?
Will I allow him to call me?

회사에서 내가 휴가 내는 걸 허락할까?
Does the company allow me to take vacations?

내가 받은 교육 덕분에 직장을 구했던 건가?
Did my education allow me to get a job?

많은 친구들 덕분에 네가 인생을 즐겨왔던 거야?
Have many friends allowed you to enjoy life?

문장의 뜻은 어색하지만, 기본 문장을 의문문으로 바꾸는 연습을 해 보세요.

≫ 넌 그가 너한테 전화하는 걸 허락해.   01

학교에서 내가 휴가 내는 걸 허락해.   02

내 배경* 덕분에 직장을 구한 거지. (background)   03

여행을 많이 한 덕분에 네가 인생을 즐기는 거지.   04

≫ 넌 그가 너한테 전화하는 걸 허락할 거야.   05

학교에서 내가 휴가 내는 걸 허락해.   06

내 배경 덕분에 직장을 구했지.   07

여행을 많이 한 덕분에 네가 인생을 즐겨왔던 거야.   08

≫ 넌 그가 너한테 전화하는 거 허락하지 않을 거야.   09

학교에서 내가 휴가 내는 걸 허락 안 해.   10

내 배경은 직장을 구하게 해 주지 않았어.   11

여행을 많이 해서 네가 인생을 즐기지 못한 거야.   12

≫ 너 그가 너한테 전화하는 거 허락할 거야?   13

학교에서 내가 휴가 내는 걸 허락할까?   14

내 배경 덕분에 직장을 구했던 건가?   15

많은 여행 덕분에 네가 인생을 즐겨왔던 거니?   16

5

구체화하기

그 사람이 나한테 사적으로 전화하는 거 허락할게.
I'll allow him to call me **in private**.

회사에서 내가 일 년에 두 번 휴가 내는 걸 허락해 줘.
The company allows me to take vacations **twice a year**.

내가 받은 교육 덕분에 바로 직장을 구했지.
My education allowed me to get a job **right away**.

많은 친구들 덕분에 네가 20대의 인생을 즐겨왔던 거야.
Many friends have allowed you to enjoy life **in your 20s**.

6

시간 말하기

그 사람이 언젠가 나한테 전화하는 거 허락할게.
I'll allow him to call me **sometime**.

회사에서 내가 여름에 휴가 내는 걸 허락해 줘.
The company allows me to take vacations **during summer**.

내가 받은 교육 덕분에 대학원을 마치고 직장을 구했지.
My education allowed me to get a job **after graduate school.**

몇 년 동안 많은 친구들 덕분에 네가 인생을 즐겨왔던 거야.
Many friends have allowed you to enjoy life **for a few years**.

7

장소 말하기

그 사람이 밖에서 나한테 전화하는 거 허락할게.
I'll allow him to call me **outside**.

회사에서 내가 해외로 갈 휴가를 내는 걸 허락해 줘.
The company allows me to take vacations **abroad**.

내가 받은 교육 덕분에 좋은 회사로 직장을 구했지.
My education allowed me to get a job **in a good company**.

많은 친구들 덕분에 어디서나 네가 인생을 즐겨왔던 거야.
Many friends have allowed you to enjoy life **everywhere**.

WORDS

• education 교육, 훈련
• background (개인의) 배경
• graduate school 대학원

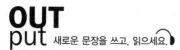
>> 넌 그가 너한테 사적으로 전화하는 걸 허락할 거야.   17

>> 학교에서 내가 일 년에 두 번 휴가 내는 걸 허락해 줘.   18

>> 내 배경 덕분에 바로 직장을 구했지.   19

>> 여행을 많이 한 덕분에 네가 20대의 인생을 즐겨왔던 거야.   20

>> 넌 그가 언젠가 너한테 전화하는 걸 허락할 거야.   21

>> 학교에서 내가 여름에 휴가 내는 걸 허락해 줘.   22

>> 내 배경 덕분에 대학원 마치고 직장을 구했지.   23

>> 몇 년 동안 여행을 많이 한 덕분에 네가 인생을 즐겨왔던 거야.   24

>> 넌 그가 밖에서 너한테 전화하는 걸 허락할 거야.   25

>> 학교에서 내가 해외로 갈 휴가를 내는 걸 허락해 줘.   26

>> 내 배경 덕분에 좋은 회사로 직장을 구했어.   27

>> 많은 여행을 한 덕분에 어디서나 네가 인생을 즐겨왔던 거야.   28

ANSWERS

주어 01 You allow him to call you. 02 The school allows me to take vacations. 03 My background allows me to get a job. 04 Many trips allow you to enjoy life. 시제 05 You'll allow him to call you. 06 The school allows me to take vacations. 07 My background allowed me to get a job. 08 Many trips have allowed you to enjoy life. 부정 09 You won't allow him to call you. 10 The school doesn't allow me to take vacations. 11 My background didn't allow me to get a job. 12 Many trips haven't allowed you to enjoy life. 질문 13 Will you allow him to call you? 14 Does the school allow me to take vacations? 15 Did my background allow me to get a job? 16 Have many trips allowed you to enjoy life? 구체화 17 You'll allow him to call you in private. 18 The school allows me to take vacations twice a year. 19 My background allowed me to get a job right away. 20 Many trips have allowed you to enjoy life in your 20s. 시간 21 You'll allow him to call you sometime. 22 The school allows me to take vacations during summer. 23 My background allowed me to get a job after graduate school. 24 Many trips have allowed you to enjoy life for a few years. 장소 25 You'll allow him to call you outside. 26 The school allows me to take vacations abroad. 27 My background allowed me to get a job in a good company. 28 Many trips have allowed you to enjoy life everywhere.

대상 목적어 바꾸기

제이가 나한테 사적으로 전화하는 거 허락할게.
I'll allow Jay to call me in private.

회사에서 우리가 일 년에 두 번 휴가 내는 걸 허락해 줘.
The company allows us to take vacations twice a year.

그가 받은 교육 덕분에 바로 직장을 구했지.
His education allowed him to get a job right away.

많은 친구들 덕분에 내가 20대의 인생을 즐기는 거야.
Many friends have allowed me to enjoy life in my 20s.

하는 일 목적어 바꾸기

그 사람이 나한테 데이트 신청하는 거 허락할게.
I'll allow him to ask me out.*

회사에서 내가 출산 휴가 내는 걸 허락해 줘.
The company allows me to take maternity leave.*

내가 받은 교육 덕분에 훈련이 됐어.
My education allowed me to get trained.

많은 친구들 덕분에 네가 세상을 여행한 거야.
Many friends have allowed you to travel the world.

• ask someone out ~에게 데이트를 신청하다   maternity leave 출산 휴가

생각 묻기

넌 그 사람이 나한테 전화하는 걸 내가 허락할 거라고 생각해?
Do you think I'll allow him to call me?

넌 회사에서 내가 휴가 내는 걸 허락해 준다고 생각해?
Do you think the company allows me to take vacations?

넌 내가 받은 교육 덕분에 내가 직장을 구했던 거라고 생각해?
Do you think my education allowed me to get a job?

넌 네가 많은 친구들 덕분에 인생을 즐기는 거라고 생각하니?
Do you think many friends have allowed you to enjoy life?

My mother-in-law let me
use her car.
우리 시어머니는 내가 어머님 차를 쓰도록 허락하셨어.

질문하기

장소 말하기

부정하기

시간 말하기

시제
바꾸기

구체화하기

주어
바꾸기

let ~하게 하다

let은 목적어가 뭘 하든지 허락도 하고, 내버려 두기도 하는 부드럽고 넉넉한 동사예요. 문장에 따라 여러 가지로 의역할 수 있는데 기본적인 뜻은 '목적어가 목적보어 하게 해 준다' 이거죠. 여기서 목적보어는 동사원형입니다. 과거형, 과거분사형 형태는 똑같이 let이고, 진행형은 짧은 음절 동사라 끝에 자음을 한 번 더 써서 letting이 됩니다.

1

주어 바꾸기

난 그가 날 만나도록 허락해.
I let him see* me.

see는 '사람을 만나다'라는
뜻으로 일상회화에서 많이 써요.

우리 사장이 내가 널 돕도록 한다.
Our boss lets me help you.

우리 시어머니는 내가 어머님 차를 쓰도록 허락하셔.
My mother-in-law* lets me use her car.

소셜 미디어는 우리에게 많은 사람들을 보게 해.
Social media lets us see many people.

>

2

시제 바꾸기

난 그가 날 만나도록 허락할 기야.
I'm going to let him see me.

우리 사장은 내가 널 돕는 걸 허락할 거야.
Our boss **will let** me help you.

우리 시어머니는 내가 어머님 차를 쓰도록 허락하셨어.
My mother-in-law **let** me use her car.

소셜 미디어는 우리에게 많은 사람들을 보게 하고 있어.
Social media **are letting** us see many people.

>

3

부정하기

난 그가 날 만나도록 허락하지 않을 거야.
I'm **not** going to let him see me.

우리 사장이 내가 널 돕는 걸 허락하지 않을 거야.
Our boss **won't** let me help you.

우리 시어머니는 내가 어머님 차를 쓰도록 허락하시지 않았어.
My mother-in-law **didn't** let me use her car.

소셜 미디어는 우리에게 많은 사람들을 보게 하지 않아.
Social media **aren't** letting us see many people.

>

4

질문하기

내가 그가 날 만나도록 허락할까?
Am I going to let him see me?

우리 사장이 내가 널 돕도록 허락할까?
Will our boss let me help you?

우리 시어머니가 내가 어머님 차를 쓰도록 허락하셨어?
Did my mother-in-law let me use her car?

소셜 미디어는 우리에게 많은 사람들을 보게 하고 있어?
Are social media letting us see many people?

≫ 넌 그가 날 만나도록 허락해. `01`

우리 매니저는 내가 널 돕도록 놔둬. (manager) `02`

내(우리) 시아버지*는 내가 아버님 차를 쓰도록 허락하셔. (father-in-law) `03`

인터넷 웹사이트는 우리가 많은 사람들을 보게 해. (Internet websites) `04`

≫ 넌 그가 날 만나도록 허락할 거야. `05`

우리 매니저는 내가 널 돕도록 허락할 거야. `06`

우리 시아버지는 내가 아버님 차를 쓰도록 허락하셨어. `07`

인터넷 웹사이트는 우리에게 많은 사람들을 보게 하고 있어. `08`

≫ 넌 그가 날 만나도록 허락하지 않을 거야. `09`

우리 매니저는 내가 널 돕는 걸 허락하지 않을 거야. `10`

우리 시아버지는 내가 아버님 차를 쓰도록 허락하지 않으셨어. `11`

인터넷 웹사이트는 우리에게 많은 사람들을 보게 하지 않아. `12`

≫ 넌 그가 날 만나도록 허락할 거야? `13`

우리 매니저는 내가 널 돕는 걸 허락할까? `14`

우리 시아버지는 내가 아버님 차를 쓰도록 허락하셨어? `15`

인터넷 웹사이트는 우리에게 많은 사람들을 보게 하나? `16`

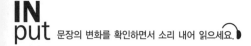

5

구체화하기

난 그가 사적으로 날 만나는 걸 허락할 거야. >
I'm going to let him see me in private.

우리 사장은 내가 그 문제로 널 돕는 걸 허락할 거야.
Our boss will let me help you with that matter.

우리 시어머니가 내가 어머님 차를 쓰도록 결혼 10년 만에 허락하셨어.
My mother-in-law let me use her car after 10 years of marriage.

소셜 미디어는 우리에게 24시간 많은 사람들을 보도록 하고 있어.
Social media are letting us see many people 24 hours a day.

6

시간 말하기

난 그가 퇴근 후에 날 만나는 걸 허락할 거야. >
I'm going to let him see me after work.

우리 사장은 한 시간 후에 내가 널 돕도록 허락할 거야.
Our boss will let me help you in one hour.

우리 시어머니는 크리스마스에 내가 어머님 차를 쓰도록 허락하셨어.
My mother-in-law let me use her car on Christmas.

소셜 미디어는 우리가 끊임없이 많은 사람들을 보도록 하고 있어.
Social media are letting us see many people all the time.

7

장소 말하기

난 그가 일 외적으로 날 만나는 걸 허락할 거야. >
I'm going to let him see me outside of work.

우리 사장은 사무실에서 내가 널 돕도록 허락할 거야.
Our boss will let me help you in the office.

우리 시어머니는 부산에서 내가 어머님 차를 쓰도록 허락하셨어.
My mother-in-law let me use her car in Busan.

소셜 미디어는 우리에게 세계 곳곳에 있는 많은 사람들을 보게 하고 있어.
Social media are letting us see many people all over* the world.

WORDS

* see 보다, (사람을) 만나다
* mother-in-law 시어머니, 장모(결혼한 상대의 어머니)
* father-in-law 시아버지, 장인(결혼한 상대의 아버지)
* all over 곳곳에

OUT
put 새로운 문장을 쓰고, 읽으세요.

>> 넌 그가 날 사적으로 만나는 걸 허락할 거야.   17

우리 매니저는 내가 그 문제로 널 돕는 걸 허락할 거야.   18

내(우리) 시아버지는 내가 아버님 차를 쓰도록 결혼 10년 만에 허락하셨어.   19

인터넷 웹사이트는 우리에게 24시간 많은 사람을 보게 하고 있어.   20

>> 넌 그가 퇴근 후에 날 만나는 걸 허락할 거야.   21

우리 매니저는 한 시간 후에 내가 널 돕는 걸 허락할 거야.   22

우리 시아버지는 크리스마스에 내가 아버님 차를 쓰도록 허락하셨어.   23

인터넷 웹사이트는 우리에게 끊임없이 많은 사람들을 보게 하고 있어.   24

>> 넌 그가 일 외적으로 날 만나는 걸 허락할 거야.   25

우리 매니저는 사무실에서 내가 널 돕는 걸 허락할 거야.   26

우리 시아버지는 부산에서 내가 아버님 차를 쓰도록 허락하셨어.   27

인터넷 웹사이트는 우리에게 세계 곳곳에 있는 많은 사람들을 보게 하고 있어.   28

ANSWERS

주어 01 You let him see me. 02 Our manager lets me help you. 03 My father-in-law lets me use his car. 04 Internet websites let us see many people. 시제 05 You're going to let him see me. 06 Our manager will let me help you. 07 My father-in-law let me use his car. 08 Internet websites are letting us see many people. 부정 09 You're not going to let him see me. 10 Our manager won't let me help you. 11 My father-in-law didn't let me use his car. 12 Internet websites aren't letting us see many people. 질문 13 Are you going to let him see me? 14 Will our manager let me help you? 15 Did my father-in-law let me use his car? 16 Are internet websites letting us see many people? 구체화 17 You're going to let him see me in private. 18 Our manager will let me help you with that matter. 19 My father-in-law let me use his car after 10 years of marriage. 20 Internet websites are letting us see many people 24 hours a day. 시간 21 You're going to let him see me after work. 22 Our manager will let me help you in one hour. 23 My father-in-law let me use his car on Christmas. 24 Internet websites are letting us see many people all the time. 장소 25 You're going to let him see me outside of work. 26 Our manager will let me help you in the office. 27 My father-in-law let me use his car in Busan. 28 Internet websites are letting us see many people all over the world.

앞서 배운 내용을 응용하면 아래처럼 멋지게 말할 수 있게 됩니다. 음원을 듣고 따라 읽어보세요.

허락 구하기

그가 날 만나게 해 주세요.
Please let him see me.

제발 내가 널 돕게 해 줘.
Please let me help you.

그녀의 차를 쓸 수 있게 해 주세요.
Please let me use her car.

우리가 많은 사람들을 보게 해 주세요.
Please let us see many people.

• 'Please let+목적어+동사원형'은 '~하게 해 주세요'라는 허락을 구하는 문장입니다.

필요성 말하기

난 그가 사적으로 날 만나는 걸 허락할 필요가 있어.
I need to let him see me in private.

우리 사장은 내가 그 문제로 널 돕도록 허락할 필요가 있어.
Our boss needs to let me help you with that matter.

우리 시어머니는 급할 때 그녀의 차를 쓰게 해주실 필요가 있어.
My mother-in-law needs to let me use her car for emergency.

소셜 미디어는 우리에게 많은 사람들을 24시간 보게 할 필요가 있어.
Social media needs to let us see many people 24 hours a day.

추측하기

난 그가 사적으로 날 만나는 걸 허락할지도 몰라.
I may let him see me in private.

우리 사장이 내가 그 문제로 널 돕는 걸 허락할지도 몰라.
Our boss may let me help you with that matter.

급할 때 우리 시어머니가 그녀의 차를 쓰라고 허락하실지도 몰라.
My mother-in-law may let me use her car for emergency.

소셜 미디어는 우리에게 많은 사람들을 24시간 보게 할 수도 있어.
Social media may let us see many people 24 hours a day.

OFF

Try, try, try, and keep on trying is the rule that must be followed to become an expert in anything.

-W. Clement Stone -

노력, 노력, 노력, 그리고 계속된 노력이 어떤 분야에서라도
전문가가 되기 위해 따라야 하는 규칙이다.

- W. 클레멘트 스톤(자기계발 저자, 세일즈맨) -

A conversation is a dialogue,
not a monologue.

-Truman Capote -

대화는 '대화'지 '독백'이 아니다.

- 트루먼 카포티 -